PETER STRASSER

UMDREHEN UND WEGGEHEN

Eine Ethik der Abwendung

braumüller

Bibliografische Information der Deutschen Nationalbibliothek
Die Deutsche Nationalbibliothek verzeichnet diese Publikation in der Deutschen Nationalbibliografie; detaillierte bibliografische Daten sind im Internet über http://dnb.d-nb.de abrufbar.

2. Auflage 2022

www.braumueller.at

Coverfoto: © Shutterstock/YevgeniyDr
Druck: EuroPB, Dělostřelecká 344, CZ 261 01 Příbram
ISBN 978-3-99200-275-7

braumüller

Inhalt

Prolog

Geh weg, wende dich ab, lass es hinter dir.
Ich gehe einfach raus.
Just walk away.

Unter dem Gesichtspunkt der Nächstenliebe, der Solidarität, dem Ideal des ewigen Friedens mögen die oben stehenden Sätze, werden sie absolut verstanden, all den Armen und Notleidenden, den „Verdammten dieser Erde“, gegenüber fühllos klingen.

Um es vorweg klarzustellen: Sich abzuwenden mag Ausdruck einer Grausamkeit sein, bestenfalls einer Blindheit vor dem Elend. Aber es gibt auch eine Beschwernis, wonach wir in unseren engmaschigen, hoch vernetzten Gesellschaften unter dem Druck mannigfacher Toleranzgebote und einer ebenso tiefdringenden wie umfassenden Psychologisierung permanent aufeinander zu- und eingehen sollten. Gerade im Wunschtraum der harmonischen Verdichtung menschlicher Beziehungen liegt jedoch eine Quelle persönlichen

Unwohlseins und des beengenden Gefühls, die Akteure rundum seien zugleich Stützen eines Existenzgefängnisses, aus dem es kein Entkommen gibt.

Dieses Gefühl führt auf Dauer zu krisenhaften Beziehungen, persönlich und sozial: Beziehungen, die im Abscheu, ja im Hass vor bestimmten, als einengend und bedrohlich erlebten Anderen gipfeln – die „anderen" groß geschrieben. Es gilt, einer Gesellschaft vorzubeugen, in der sich die Vielen, die Viel-zu-Vielen ineinander regelrecht „verbeißen". Wir leben im Zeitalter der Verdichtung, die sich in den Mechanismen der Globalisierung wie den beengenden Ideologien des Neonationalismus äußert.

Es bedarf daher, neben der großen Politik im Geiste der liberalen Tradition, einer individuellen „Politik" des Loslassens, des Sein- und Gut-sein-Lassens. Man muss auch weggehen können, ohne deswegen als Drückeberger oder Verräter an der angeblich gemeinsamen Sache gescholten, gar verfemt oder ausgestoßen zu werden.

Freilich lassen es nicht alle Situationen unter allen Umständen zu, auf eine moralisch vertretbare Weise unserem Titelmotto gemäß zu agieren: „Umdrehen und weggehen." Die Lebenskunst der Abwendung erfordert eine differenzierte, belehrte und kluge Sicht der persönlichen und überpersönlichen Angelegenheiten. Loslassen-Können und Loslassen-Dürfen bilden einen moralischen Komplex. Davon soll im Folgenden, unter Berücksichtigung eines weiten Spektrums an Gelegenheiten und Hindernissen, die Rede sein. Das Prinzip, das uns dabei leiten wird, ist ein dialektisches: Man möchte sich dort, wo man gerade weilt – zu Hause, bei der Familie, bei Freunden, existenziell: auf Erden –, beheimaten; *doch bleiben will man nur im Bewusstsein, nicht bleiben zu müssen.*

***

In den – wie sie genannt werden – *Betrachtungen über Sünde, Leid, Hoffnung und den wahren Weg* (1917/18) von Franz Kafka gibt es eine kurze Fabel, eigentlich einen Klage-Aphorismus (Nr. 40), der von der „Zelle“ handelt, in der zu leben man auf Erden gezwungen wurde: Man hat seine Zelle zu hassen gelernt und hofft, in eine andere, neue Zelle verbracht zu werden, wohl wissend, dass man auch diese bald hassen wird. Aber in dieser unserer Hoffnung, so Kafka, schwinge die Hoffnung mit, beim

Transport werde der „Herr“ zufällig den Gang entlangkommen und sagen: „Diesen sollt ihr nicht wieder einsperren. Er kommt zu mir.“

Unser irdisches Schicksal scheint es zu sein, uns nicht *umdrehen und weggehen* zu können. Uns wurde ein Platz zugewiesen, es ist eine „Zelle der Existenz“, eine von unzähligen Zellen, die alle vom Sein bei Gott gleich weit entfernt sind; deshalb, so Kafka, der „beginnende Wunsch zu sterben“. Der Rest an Hoffnung, der bleibt, ist nicht von dieser Welt: Nur der „Herr“ selbst könnte uns befreien – von der Qual der Endlichkeit erlösen –, indem er uns zu sich nimmt.

Aber was wäre, wenn ER uns zu sich genommen hätte? Kafkas Hoffnung ist von einer tiefen Zweideutigkeit erfüllt. Lag nicht der tiefste Grund unserer Verzweiflung darin, dass wir unsere Zelle *nicht aus eigenen Stücken* verlassen konnten? Dass die Zellentür nicht offen stand, nicht zu öffnen war? Statt auf die Zellenwände zu starren, wollten wir uns „umdrehen und weggehen“, nach draußen, wo uns keine Wände mehr daran gehindert hätten ... ja, um was zu tun? Diese Frage erscheint dem Gefangenen des Lebens, der fortwährenden Banalität, der Qual des Existieren-Müssens, zunächst nichtig. Er will nur eines, er will raus! „Umdrehen und weggehen" – darin beschlossen ist ein Phantom der Freiheit. Denn dass sich die Freiheit womöglich als die schlimmste aller Gefangenschaften entpuppen könnte, dieser existenzielle, gar metaphysische Notstand des Menschen, wird erst Thema, wenn die Freiheit bereits errungen ist.

Nimm an, wir könnten uns von jedem Punkt aus umdrehen und weggehen, Abwendung wäre immer und überall möglich. Aber was wäre dadurch *abgewendet*? Welchem Schicksal wären wir entronnen? Und plötzlich beginnt es uns, den dann Freiesten unter den Freien, zu dämmern. Wir wären *die zur Schicksalslosigkeit Befreiten*: Unser Leben hätte keinen anderen Sinn mehr als den, welchen wir ihm willkürlich beimessen – und wäre das nicht bloß eine andere Art zu sagen, dass unser Leben, in all seiner Beliebigkeit, zugleich sinnlos sei?

Und so müssten wir einsehen, dass *dies*, unsere uns auferlegte Schicksalslosigkeit, die schlimmste aller möglichen Zellen wäre. Die Zelle, die keine Wände hat, hat keinen Ausgang. Alles, worauf wir einst hofften, war, uns umdrehen und weggehen zu dürfen; doch ohne Wände, ohne Zellentüre, ohne jegliches Abwendungshindernis würde auch diese Hoffnung zunichtewerden.

Und inwiefern vermöchte uns dann der „Herr“, der den Gang entlangkommt, dabei helfen, damit wir in die *richtige Freiheit* entlassen werden? Er würde uns in sein Haus mitnehmen, von dem es in den Evangelien heißt, dass es dort, „im Haus meines Vaters“ – so Jesus –, viele Wohnungen gebe. Dort *könnte* man sich „umdrehen und weggehen“, aber man bliebe aus gutem Grund.

Womit wir es bei den „vielen Wohnungen“ zu tun haben, das ist – ganz gegen Kafkas Stimmungslage – die Einlösung der Paradies-Sehnsucht, ausgedrückt im Bild des Zuhauseseins: einem Sein, wohinein man nicht schicksalhaft verschlagen würde. Man könnte dieses Zuhause wieder verlassen, sonst wäre es keines; dort erst wäre der richtige Verweilort, das Sinnzentrum eines Lebens, von dem wir hoffen, es möge währen.

Kapitel I

Verdichtung und Entdichtung

Der Rattenfehlschluss

Es war der österreichische Verhaltensforscher, Nobelpreisträger und Zivilisationspessimist Konrad Lorenz, namentlich in seinem Buch *Die acht Todsünden der Menschheit* (1973), welcher vor den Verdichtungen warnte, die seiner Meinung nach bevorstanden: Zu viele Menschen, zu wenig Raum! Damit bezog er sich auf das rasche Wachstum der Menschheit einerseits, vor allem jedoch auf die Ballung der Menschenmassen in den großen Städten. Dort, so Lorenz, müsste die Gewalt ausbrechen, die eine Folge davon ist, dass die Menschen gezwungen sind, sich andauernd zu nahe zu kommen. Abwendung sei unmöglich. Drehe man sich um, geschehe dies, aufgrund mangelnden Platzes, notwendigerweise so, dass man sich in die Masse hineindrehe, aus der man sich herausdrehen wolle. Umdrehen und weggehen? Unmöglich, es sei denn, man werde zum Aussteiger, ziehe in die Wildnis, was aber – sofern es den Stadtbewohnern überhaupt als wünschenswert erscheine – ein frommer Wunschtraum bleiben müsse, noch dazu einer, der eine geringe Kenntnis der wirklichen Wildnis verrate.

Ich lege jetzt Konrad Lorenz Sätze in den Mund, die er so nie gesprochen hat. Aber der Tenor stimmt, und ihn möchte ich hier aus Demonstrationsgründen verstärken. Denn in seinen Philippiken, seinen Standpauken und Brandreden, bezog sich Lorenz gerne auf Experimente mit Ratten. Sperrte man Ratten in einen derart engen Käfig, dass die Toleranzgrenze, die sie benötigten, um sich aus dem Weg zu gehen, unterschritten wurde, dann begannen sie ihre Nachbarn wegzubeißen. Aber nicht nur das: Der Stress, der sich in ihnen aufgrund der übergroßen Nähe aufbaute, nahm überhand und sie fingen an, sich selbst zu verletzen. Kurzum, das Ganze endete, falls es nicht von der Versuchsleitung abgebrochen wurde, in einem Gemetzel. Da auch der Mensch ähnliche Toleranzgrenzen hat – auch er ist ein Produkt der Evolution –, muss dieser Logik zufolge die zunehmende Dichte um einen herum verstärkt als unangenehm empfunden werden, bis sie schließlich im Kampf der Artgenossen endet. Da nun aber der Kampf in zivilisierten Gesellschaften nicht äußerlich, jedenfalls nicht unter Einsatz körperlicher Gewalt ausgetragen werden darf, wird er, solange es geht, *verinnerlicht*.

Schon Norbert Elias, der bedeutende Theoretiker der westlichen Zivilisation – sein Werk *Über den Prozess der*

Zivilisation (1939, 1949) gilt als Klassiker der Soziologie –, hatte, von Freud beeinflusst, die These vertreten, dass Fortschritt tiefgreifende Kosten habe. Vor allem muss der äußere Kriegsschauplatz „nach innen" verlegt werden, in die Psyche des Einzelnen. Dieser darf seine Affekte nicht mehr „unzivilisiert" ausleben, daher bleibt ihm nur übrig, sich zu beherrschen. Aber andauernde Beherrschung fordert ihren Tribut, wenn sie langwierig und breitflächig praktiziert wird. Es entstehen Neurosen, und am Ende steht womöglich ein psychischer „Zellenknall", eine mörderische Handlung oder ein Amoklauf. Das gründet wesentlich in der Verdichtung der Umwelt, die uns emotional stresst, mit Hass erfüllt oder unerträglich anödet.

Doch im Unterschied zu Lorenz wusste Elias den grundsätzlichen Beitrag der Kultur besser zu taxieren. Die Kultur, könnte man sagen, ist das gegen den biologischen Druck gerichtete *Medium der Entdichtung*. Es gibt kulturell eingeschliffene Verfahren, um aus der Enge der menschlichen Begegnungen den emotionalen Druck herauszunehmen, ja ihn erst gar nicht entstehen zu lassen, weil eine bestimmte „Interpretation" oder symbolische Modulation der Dichte dazu führt, dass sich der Raum, in dem wir leben, erweitert.

Wir alle kennen den Begriff des Respektabstands. Damit ist ein Instrument der sozialen Abstufungsbekundung gemeint. Je höherrangig das Gegenüber ist, umso größer wird der Abstand, den man einhalten sollte, um nicht die Intimsphäre, im Speziellen die Hoheitssphäre des Höhergestellten, zu verletzten. Gleichzeitig ist der Respektabstand auch ein Mittel, um sich durch die Errichtung einer imaginären Mauer andere Subjekte buchstäblich vom Leib zu halten.

In letzter Zeit ist dieses Distanzierungsphänomen häufig in Diskussionen aufgetaucht, bei denen Frauen darüber klagten, dass ihnen ein Mann „zu nahe" kam, sie also belästigte. Die beschuldigten Männer waren naturgemäß oft gegenteiliger Ansicht, obwohl sie meist die obligaten Worte und Gesten des Bedauerns nachlieferten: Man befand sich abends in einer Bar, man hatte etwas getrunken und die Kombination von Ort, Zeit und Amüsierbetrieb veränderte – aus Sicht der Beschuldigten – die implizite Abstandsregel. Man ging in den Flirtmodus über, eine Methode des „Umschaltens", derentwegen die Geschlechter sich häufig in die entsprechenden Lokalitäten begeben.

Aufgrund unklarer Benimmpostulate in einer solchen Situation – die Unklarheit dient aber auch dazu, das Aufeinander-Zu, Voneinander-Weg prickelnd, ja erotisierend zu gestalten – kann es zu männlichen Annäherungen kommen, welche unterschiedlich sensibilisierte Frauen fallweise als allzu nahe empfinden, zumal dann, wenn der Mann zum „Grapscher“ wird. Die dadurch schlagartig eintretende Situation der Übernähe führt zu den sattsam bekannten Rhetorikritualen aus Empörung und Anklage auf der einen Seite, Dementi, Beschämung und Zerknirschung wegen ungebührlichen Benehmens auf der anderen.

Das Paradox der Entdichtung

Die Dialektik von Regeln der Entdichtung und der Zulassung von Nähe („Intimität“) findet sich in fast allen gesellschaftlichen Bereichen, von der Bewegungsfreiheit auf öffentlichen Plätzen über das Hin und Her in Büros bis hinein ins Ehebett. Menschen sind keine Ratten. Es stimmt zwar, dass das Eingeklemmtsein zwischen Fremden eine unangenehme und bisweilen Panik auslösende Erfahrung ist, die in Aggression münden kann – man denke bloß an den voll besetzten Lift, der plötzlich stecken bleibt. Aber das sind eben die Ausnahmen von der Regel.

Ein Mensch, der sich mit mir zusammen in einem engen Raum befindet, muss keinerlei negative Reaktionen auslösen; er sitzt neben mir an seinem Computertisch, ohne dass ich von ihm Kenntnis nehmen müsste. Er ist, zum Beispiel als mein Arbeitskollege, *auf eine Weise da, als ob er unsichtbar wäre*. Dieser Effekt ist das Ergebnis einer institutionellen Übereinkunft, welche die Präsenz des anderen „depotenziert“, man darf sich nur nicht in die Quere kommen durch Verhaltensweisen, die am Arbeitsplatz unangebracht wären. Ja, es sind gerade die Regeln des korrekten Benehmens (*code of conduct, regulatory compliance*), die den Raum imaginär erweitern und das räumlich dichte Miteinander der darin befindlichen Personen „entdichten".

Es gibt nun aber auch ein Paradox der Entdichtung (wenn man hier von einem „Paradox" sprechen möchte). Überall dort, wo sich in unseren Gesellschaften menschenreiche Orte befinden, besonders in den städtischen Ballungszentren, erzeugt die Institutionalisierung von Regeln, die dabei helfen, Räume zu entdichten, ein *dichtes Geflecht an Verhaltens- und Redevorschriften*, die ihrerseits irgendwann als beengend empfunden werden. In den letzten Jahren hat dieses Phänomen besonders an den amerikanischen Eliteuniversitäten üppig Blüten getrieben. Um den Studierenden zu helfen, sich „nicht bedrängt zu fühlen" – und womöglich über Gebühr gestresst zu werden –, wurden im Rahmen der *regulatory compliance* Regeln eingeführt, die, wie sich bald herausstellte, das genaue Gegenteil bewirkten.

In den Geistes- und Sozialwissenschaften mussten die Lehrenden schon vor Beginn des Kurses bekannt geben, dass in den verwendeten Unterrichtsmaterialien möglicherweise Passagen auftauchten, die einige Teilnehmerinnen oder Teilnehmer belästigen, verstören, ja krankmachen könnten. Außerdem mussten die Lehrenden eine Reihe von sogenannten Trigger-Wörtern vermeiden. Denn solche Wörter, besonders sexuell offensive, könnten – so die zimperliche Sorge – zur Folge haben, dass sich der eine oder die andere aufgrund der Erinnerung an eigene Erlebnisse aufgewühlt und verletzt fühlte. Hinzu kamen alle Ausdrücke oder Redensarten, die der Political Correctness zuwiderliefen. Schließlich wurden auch Ansichten verbannt, die dem angeblich liberalen Lebensstil mit seinen vielen Nichtdiskriminierungsregeln widersprachen.

Was inneren Raum schaffen sollte, um die äußere Enge im multikulturellen System erträglich zu machen, wurde rasch zu einer unerträglichen Zwangsjacke in den Beziehungen zwischen Lehrenden und Schülern, und auch zwischen den Studierenden selbst. Statt zu entdichten, wurde sozial verdichtet, und zwar auf eine widersinnige Weise: Es wurden nicht nur die höchstpersönlichen Sensibilitäten in Höhen geschraubt, wo ein gedeihliches Miteinander bald unmöglich schien, es wurden darüber hinaus der Intoleranz gegenüber abweichenden Gesinnungen und, schlimmer noch, dem Denunziantentum Tür und Tor geöffnet.

Das ganze System der Kontrollen, die dazu dienen sollten, den inneren Raum der jungen Menschen nicht zu beschädigen und außerdem freizuhalten für die Öffnung des Geistes und der Emotionen, machte es schließlich unmöglich, die entscheidende Bewegung gegenüber andrängenden Erlebnissen auszuführen – jene Bewegung, die ein Entkommen aus dem System der „korrekten" Zwänge bedeutet hätte: sich umzudrehen und wegzugehen.

Denn gerade in einem solchen Verhalten sah die Compliance der angeblich zwanglosen Eingliederung in den Sozialverband das zwanghafte, neurotische und passiv-aggressive Abrücken aus der Gemeinschaft. Da das Universitätssystem auf die „Verflüssigung" von Zwängen durch diskursive Verfahren normativ ausgerichtet ist, wäre eine Abwendung vom „Diskurs" zugleich ein Zeichen dafür, dass man die Regeln des Systems *ablehnt*. Es ist eine besonders repressive Strategie gewissermaßen liberal-geschlossener Institutionen, die womöglich stolz auf ihre lückenlose moralische Strukturierung sind, dass man sich entweder freiwillig und einsichtig den vorgegebenen Sprachregelungen und Verhaltensnormen unterwirft oder als Außenseiter zu erkennen gibt.

Die angesprochenen Szenarien zeigen zweierlei: Erstens, dass die biologische Rattenfabel auf menschliche Gesellschaften nicht zutrifft, sobald in ihnen kulturelle Regeln den Ton angeben, ausgenommen den Fall, wo der kollektive Stress aufgrund innergesellschaftlicher Katastrophen oder von außen eindringender Gefahren zu groß wird. Zweitens, dass das kulturelle Programm der Entdichtung dichter Räume und Verhältnisse in sein Gegenteil umschlagen kann, wenn die Vorsichtsmaßnahmen gegen die aufdringliche und womöglich verstörende Nähe der anderen so engmaschig werden, dass sie schließlich das Gegenteil einer Entdichtung bewirken.

Solche Maßnahmen wirken dann eher wie Fesseln, die nicht nur den Einzelnen binden, sondern außerdem beständig Gefühle der Übervorsicht und des Misstrauens mit all den damit verbundenen Störungen des Zusammenlebens bewirken. Im Rahmen entsprechender Fehlentwicklungen wird jeder Versuch der Abwendung dadurch vereitelt, dass er als ein Akt der Aggression gegenüber der „politisch korrekten" Gemeinschaft stigmatisiert wird – statt als ein Akt respektiert zu werden, dessen Ziel es ist, sich aus einem wesensmäßig unfriedlichen Feld wegzubewegen.

Der zwanglose Zwang

Wer sich der fragwürdigen Gnade der späten Geburt erfreuen durfte – zum Beispiel ich, fünf Jahre nach Ende des letzten Weltkriegs in Österreich geboren und fernerhin dort aufgewachsen –, der wurde mit zwei menschlichen Panzerungen konfrontiert. Die eine Panzerung trug den Namen der „Ideologie“ oder „Weltanschauung“. Die zweite war das Schweigen darüber, was gewesen war.

Auch ich wurde mit diesen Panzerungen konfrontiert, sobald ich einigermaßen imstande war, die politischen Dinge um mich herum als solche zu begreifen. Man hatte eine Weltanschauung oder gar keine, war „neutral“. In jedem Fall blieb einem erspart, mit dem weltanschaulichen Gegner in ein ernsthaftes Gespräch einzutreten. Denn die eigenen Werte, ob sozialistisch, christlich, bürgerlich, nationalistisch oder marktliberal, nicht zuletzt die Desinvolture waren sakrosankt, und zwar schon deshalb, weil sie eingelagert waren in die mächtigen Institutionen, die das Land beherrschten – selbstverständlich nun, nach dem Krieg, unter demokratischem Vorzeichen.

Es gibt sie, die *nicht diskursive* Demokratie, in ihr bin ich groß geworden. Ihr Stil bestand darin, dass man sich auf Kompromisse einigte, die Sozialpartnerschaft pflegte, einigermaßen tolerant gegeneinander, man hatte ja noch gut die Verheerungen des Freund-Feind-Denkens der Vorkriegszeit in Erinnerung.

Also: Nie wieder?

Aber: Was dann?

Man hielt an der eigenen politischen Überzeugung ungefähr so fest, wie man dem Wetterbericht Glauben schenkte – es würde schon alles einigermaßen passen und verschaffte einem das gute Gefühl, zur neuen demokratischen Ordnung dazuzugehören. Und man gehörte dazu und profitierte davon. Persönliche Freundschaften pufferten politische Feindschaften ab. Das war die eine Seite.

Die andere Seite war eine Art Verschwörung des Schweigens. Was war unter den Nazis wirklich geschehen? Darüber sprach man nicht oder nur stockend. Man gab nicht mehr zu, als man musste. Bis weit ins 20. Jahrhundert hinein wollte Österreich von den Nazis „gewaltsam annektiert" worden sein. Seltsam nur, dass man Menschen traf, die erzählten, und zwar noch nachträglich überwältigt von Nostalgie, wie sie fast in Ohnmacht gefallen wären, als Hitler und seine Truppen in unsere Stadt ein- und an den jubelnden Menschen vorüberzogen.

Nachdem dann, gegen Ende des Krieges, das Bombeninferno der Alliierten Teile der Stadt verwüstet hatte (an ihrem Rand befand sich eine Waffenfabrik) und nun aber ebendiese Alliierten als Befreier Kaffee, Tabak und Schokolade brachten, wollte man schleunigst Hitlers erstes Opfer gewesen sein. Man blieb im Herzen der Finsternis, das in der eigenen Brust schlug, antisemitisch, hatte aber nie etwas von den Abtransporten der jüdischen Mitbürger gewusst, geschweige denn eine Ahnung von den Vernichtungslagern gehabt. Aber auch diese Ahnungslosigkeit wurde nur auf eindringliches Befragen geäußert, das Wesentliche jener Sprache der Verleugnung war das Schweigen.

An der Universität, im philosophischen Seminar, diskutierten wir dann Martin Heideggers Schweigen „auf hohem Niveau“, hatte den epochalen Philosophen doch kein Geringerer als der jüdische Dichter Paul Celan in einem seiner Gedichte um ein befreiendes Wort gebeten. Nichts. Ja, wir Jungen diskutierten, wir wollten verhindern, dass man sich weiterhin abwendete von dem, was im Untergrund vor sich hindämmerte: dieses aus dem

Ungeheuer des Kollektivs aufsteigende Ungeheuerliche, der heilsgeschichtliche Ideenfundus des Leviathan, der totalitären Staatsmacht, und jenes andere Ungeheuer, das von Immanuel Kant so benannte „böse Herz" des Menschen – das Herz, das Freude findet am Bösen an sich.

Wir diskutierten in die Tiefe und in die Breite. Wir wollten das Licht der Aufklärung in die dunklen Ecken unserer Gemeinschaft dringen lassen, um das Verstockte und das Schweigen daraus zu vertreiben. Wir sahen uns umringt von stumm Bestialischem, das in Träumen hing und sich dort forterbte, ohne vorerst an die Oberfläche zu treten. Wir forderten, den Blick von den Tatsachen nicht mehr abzuwenden, und wenn erst die Tatsachen, wie ungeheuerlich auch immer, freigelegt wären, dann auf den *zwanglosen Zwang* der besseren Argumente zu setzen – ein weitreichender Ausdruck, den der Sozialphilosoph Jürgen Habermas, Schüler von Max Horkheimer und Theodor W. Adorno, den Begründern der neomarxistischen Frankfurter Schule, in Umlauf gebracht hatte.

Wir – oder jedenfalls ich und die, die so ähnlich dachten wie ich – erblickten im „zwanglosen Zwang" der Vernunft die Lösung der Quadratur des Kommunikationskreises. Argumente und Gegenargumente, nicht

Standpunkte, sollten uns auf unserem Weg der Erkenntnissuche und Wahrheitsfindung begleiten. Wir spürten, dass man sich dem guten Argument, das besser war als die eigene Argumentation, nur entziehen konnte, wenn man sich „verhärtete", und das heißt: gegen besseres Wissen auf der eigenen Position beharrte. Und wir spürten auch, dass in der Vernunft ein Zwang zur Zustimmung lag, der sich von anderen Zwängen, denen man sich nicht entziehen konnte, grundlegend unterschied.

Im Vernunftzwang fielen Zwang und Zustimmung zusammen, der Zwang war also eigentlich kein Zwang, sondern beruhte auf der tatsächlich ungezwungenen, von niemandem erzwungenen Zustimmung zur Wahrheit oder jedenfalls dem, was sich uns nach gründlicher Überlegung, hinter der sich keine unlautere Absicht verbarg, als die Wahrheit nahelegte.

Oft hatte ich in meinen jungen Jahren, im verstockten Angesicht der Ungerührten, womöglich der Täter von einst, das Bedürfnis, mich schreiend umzudrehen und wegzugehen. Eine *Abwendungswut* wühlte in mir. Aber es ging nicht, das Ungesagte der Davongekommenen ließ es nicht zu, dass ich lockerließ. Ich wollte die Wahrheit, die ganze Wahrheit erfahren, um sie als den Scheiterhaufen aufzuschichten, auf dem die Seelen der Herzlosen brennen sollten.

Und wie ich, so dachten und fühlten viele meiner Generation. Wir waren durch das Schweigen, Verschweigen gebannt. Und weil das Schweigen uns nicht losließ, wurden wir selbst böse, ungefähr so, wie ein zu Unrecht Angeketteter böse wird, der sich in seiner inneren Freiheit durch das Wegschauen der anderen betrogen fühlt. Damit ich frei werden könnte, müssten sich die anderen endlich binden, zu ihrer Schuld stehen oder ihrer Ignoranz oder ihrer Mitleidlosigkeit. Im Rückblick kommt mir vor, *so war es*: Ob ein Eingeständnis die verstockt Wegschauenden frei machen würde, war mir das Unwichtigste gewesen; das Wichtigste war mir, glaube ich heute zu wissen, selbst endlich dadurch frei zu werden, dass die Verstockten rund um mich gezwungen wären, auf ihre offen vor ihnen liegende, sie anklagende Wahrheit zu starren.

Doch als es dann auch in Österreich endlich so weit war, stellte sich heraus, dass die Beschämung und Verurteilung der Schweiger und Täter keine Befreiung für diejenigen bedeutete, die unentwegt für eine Kultur der Aufarbeitung plädiert hatten. *Niemand konnte sich einfach umdrehen und weggehen!* Noch immer nicht. Denn im Grunde war nichts ausverhandelt. Die Uneinsichtigen blieben, trotz des Umstandes, dass man sie äußerlich zur Einsicht genötigt hatte, uneinsichtig. Den Herzlosen wuchs kein Herz. Und das gemeinsame Wissen um die Schandtaten von Gestern und Vorgestern machte weder die Opfer lebendig, noch schuf es einen freien Raum jenseits der Unmenschlichkeit.

Gewissheit bedeutete nicht Befreiung. Als die Tatsachen endlich, wie man so sagt, auf dem Tisch lagen, konnte man ihnen nicht einfach den Rücken zuwenden, um sozusagen im Leben weiterzuziehen. Im Gegenteil: Nun war man von dem Ungeheuerlichen der begangenen Untaten erst recht gebannt, Gedenktage und Bedenktage wurden erforderlich, sie wurden zu einer Art Gedenkliturgie, die der steten Erneuerung bedurfte, Jahr um Jahr, auch wenn zum Schluss das Ritual des Ge- und Bedenkens nur noch dazu diente, die Fühllosigkeit zu überdecken, welche in die Generationen der Nachgeborenen einsickerte und sich breitmachte.

Es gab ursprünglich die Hoffnung des Gesprächs, das bald, in gebildeteren Kreisen, zumal in akademischen, als „Diskurs“ firmierte. Eine Wendung setzte sich in den klugen Köpfen fest: „Diskursive Verflüssigung.“ Darin steckte wohl die Hoffnung, dass es möglich sein würde, durch das Mittel einer aufrichtigen, sensiblen Kommunikation den Stein des Bösen, der auf allem lastete, zu erweichen, ihn aufzuweichen, bis er sich wieder ins vorstellbar Menschliche einfügen ließe.

Man konnte all das Schreckliche, das Menschen ihren eigenen Brüdern und Schwestern angetan hatten, nicht wiedergutmachen; aber es würde vielleicht möglich sein, das Nicht-Wiedergutzumachende als solches in unsere Vorstellung von Menschlichkeit einzubeziehen, zu „integrieren“, und zwar dadurch, dass man nicht gelten ließ, dass das absolut Böse im wörtlichen Sinne „absolut“ war. Auch dieses angeblich Absolute war demnach eine *menschliche* Möglichkeit, aber um dies zu erkennen, mussten alle Humanwissenschaften ihren „diskursiven“ Beitrag leisten, von der Anthropologie bis zur Psychoanalyse.

Adorno gestand ein, dass sein Diktum, es sei nach Auschwitz nicht mehr möglich, ein Gedicht zu schreiben, eine voreilige Abkapselung und Aburteilung gewesen sei. Die philosophische Reflexion musste dieses apodiktische Verbot relativieren, indem sie der Wahrheit des Paul Celan'schen Werks und anderer Rechnung trug. Freilich hatte Adorno einen Vorbehalt angemeldet: Hinkünftig sei Dichtung nur möglich in der Art und Weise, wie der gequälte Mensch nicht umhinkönne, seine Not herauszubrüllen. Gedichte als der wohlartikulierte Schmerzensschrei, das war die Minimalformel, in der das „Schöne“ zugelassen sein sollte. Aber das lag schon außerhalb des Diskurses, der „verflüssigen“ sollte, auch das im Schmerz Unaufgelöste: die vorbegriffliche Körperlichkeit in ihrer äußersten Erniedrigung.

Über Adornos exzentrische Verbotsästhetik war man rasch hinweggegangen innerhalb all jener Institutionen, die das Projekt der Durchdringung des Bösen, der Freund-Feind-Schemata, der historisch gestanzten Grenzen mittels Verstehen und Verständigung, im argumentativen Wechsellauf gegenläufiger Meinungen vorantrieben. Im Diskurs würde sich die Menschheit zur Solidargemeinschaft veredeln, „pazifizieren“, und zwar am Laufband der Argumente, deren Zwang als zwanglos zu gelten hätte. Auf diese Weise müsste es möglich werden, ohne zu verdrängen, sich von der Bannung durch das Böse und die Schuld *schrittweise abwenden zu dürfen*. Niemand kann schließlich unter der erdrückenden Schmach dessen, was die, im weitesten Sinne, Seinigen getan hatten, auf Dauer existieren, ohne den Ort, an dem man durch kollektive Schuld festgehalten wird, erst recht hassen zu lernen.

Der Zwang des zwanglosen Zwangs

Der „zwanglose Zwang“ erzeugte eine *neue Art von Zwang*: Das Vernünftige ist nichts, wozu sich so oder so Stellung nehmen ließe. Zwei mal zwei ist vier, und davon können wir uns ebenso wenig abwenden wie davon, dass Antisemitismus oder Homophobie Einstellungen sind, welche aus einer irrationalen Quelle erwachsen, die mehr Schaden anrichtet, als dass sie auf Dauer dem berechtigten Schutz irgendeiner Gruppe oder Kultur dienen würde. Wer den herrschaftsfreien Diskurs favorisiert, unterliegt der Herrschaft des besseren Arguments, das er, wenn es ihm nicht in den Kram seines Glaubens oder seiner Lebensführung passt, auch nicht einfach *zwanglos* hinter sich lassen kann.

Es gibt keine zwanglose Abwendung von – exemplarisch gesprochen – mathematischen oder ethischen Wahrheiten, immer vorausgesetzt, man hat einmal begriffen, dass es sich insofern um Wahrheiten handelt, als für sie die besten bekannten Argumente sprechen. Der rationale Diskurs „verflüssigt“ nicht nur eingeschliffene Vorurteile und Fehlhaltungen, er bezieht seine Kraft vielmehr aus dem, was man vor dem Tribunal der Vernunft und damit vor sich selbst als einem wahrheitsstrebigen Wesen nicht einfach „hinter sich lassen“ kann.

Menschen, die sich gegen die Einschränkung, nach ihrer eigenen Fasson zu leben, innerlich zur Wehr setzen, werden daher auch leicht gegen das sogenannte „Vernünftige“ aufbegehren. Da indessen das Vernünftige den unübersteigbaren Maßstab setzt, zumindest im Rahmen der aufgeklärten Kultur des Westens, wird unser Freiheitswille uns in eine unausgesprochene Distanz zum „zwanglosen Zwang“ des Diskurses setzen. Und ebenjene Distanz, weil im Kern unvernünftig und sogar unmoralisch, muss unausgesprochen bleiben.

So entsteht ein reaktives Syndrom, das unter der Oberfläche des Common Sense und der Political Correctness wirkt: eine ihrerseits zwanghafte Form des Aufbegehrens gegen alles, was durch die Vernunft, ob alltäglich, wissenschaftlich oder ethisch, gedeckt wird. Das sogenannte Subversive, vom Dadaistischen oder Aggressiven vieler Kunstproduktionen bis hinein in die chronische Querdenkerei, mobilisierte, getarnt als Aufstand gegen das „Man“, gegen den gedankenlosen, dumpfen Mainstream, in der Tiefe den Widerstand gegen die Gravitationskraft der rationalen Diskurswelt. Diese ist – utopisch gesprochen – darauf ausgelegt, mittels des „zwanglosen Zwangs“ der besseren und besten Argumente aus der zerstrittenen Menschheit eine Überzeugungsgemeinschaft werden zu lassen.

Im Kontext der Lebenskunst bleibt aber die Frage, ob es die *eine* Vernunft überhaupt gibt, wenn wir über das bloß Logische – „die Sonne kann nicht zugleich scheinen und nicht scheinen“, „zwei mal zwei ist gleich vier“ – hinausgehen. Gewiss, es gibt, aus Gründen des religiösen Glaubens, eine Anbindung an das Irrationale. Sie hat das Abendland nicht zuletzt mitgeprägt. Das *Credo quia absurdum*, demzufolge man gerade deshalb an heilige Dinge glaubt, weil sie absurd, unmöglich oder sogar widersprüchlich sind, schleudert den Gläubigen aus allen menschlichen und mitmenschlichen Bezügen. Es gilt nur, was geoffenbart wurde, und sei es der Auftrag zum Glaubenskrieg, der keine Rücksicht kennen darf.

Aber sieht man von dieser Pathologie des *lumen supranaturale*, des übernatürlichen, von Gott gespendeten Lichts ab, dann wird man sensibel dafür bleiben, dass es im weiten Reich menschlicher – und irdischer – Vielfalt nicht bloß die *eine* Vernunft gibt. Es wäre wohl besser, von einer *Allerleivernunft* zu sprechen, welche der menschlichen Kondition besser angemessen ist. Gemeint ist eine kulturell flexible Vernünftigkeit, deren Kriterien keine haarscharfe Grenze zwischen dem transkulturell Rationalen oder Irrationalen festlegen. Auch wenn zum Beispiel die Einstein'sche Äquivalenz $E = mc^2$ entsprechend dem Universalitätsanspruch der Naturwissenschaft ausnahmslos gilt (*falls* sie gilt), so werden weder die Tatsachen noch die Erlebnisse, noch die Gefühle des Alltags überall gleich interpretiert.

Darin liegt der Kern unserer Toleranz. Er liegt nicht darin, dass wir bereit sind, gewisse Formen des – aus unserem Blickwinkel betrachtet – Unvernünftigen zu dulden. Eine solche Haltung ist scheintolerant, weil ihr die Minderschätzung aller abweichenden Meinungen, gemessen an der jeweils eigenen, zugrunde liegt. Wahre Toleranz ist bereit einzugestehen, dass andere Kulturen, andere Lebenswelten auch mit teilweise anderen Kriterien arbeiten, was die Frage des Vernünftigen betrifft.

Der Glaube an Götter ist aus meinem Blickwinkel möglicherweise irrational, Ergebnis eines Aberglaubens, aber darf ich diese Überzeugung bruchlos verallgemeinern? Darf ich die westliche Apparatemedizin gegen die chinesische Heilkunde stellen? Woher nehme ich denn meine Gewissheit? Natürlich aus den festgefügten Konventionen und Regeln, die meine eigene Kultur grundieren. Wenn wir also auf den Diskurs unsere Hoffnung setzen, dann sollte es nicht jener herrische Diskurs sein, dem unsere Idee des Vernünftigen, das eine besondere Geschichte und Praxis hat, exklusiv zugrunde liegt. Nur so wird es möglich, sich friedfertig abzuwenden, ohne alle Andersvernünftigen in ihrer Selbstachtung zu beschädigen.

Und das trifft auch für den „anderen“ zu, *der in mir selbst wohnt*. Teil der Lebenskunst muss es sein, dass ich mich unter Umständen zwanglos von meinen eigenen Überzeugungen abzuwenden vermag – sofern es sich nicht um pure Logik oder Prinzipienethik handelt, die, wie das Prinzip der gleichen Würde aller Menschen, streng universal ist. Der Taufscheinchrist in mir mag sich zum Buddhismus hingezogen fühlen. Doch dafür, dass ich mich von da nach dorthin bewege, brauche ich mich keineswegs zu verachten, bloß weil ich nicht imstande bin, meine Bewegung „diskursiv“ einzuholen, sie rational zu „verflüssigen“ – im Sinne der autoritären Standards meiner Form des „Diskurses“, dem die lebenskluge

Allerleivernunft stets das Einfallstor des Irrationalismus und insofern ein Gräuel ist. Trotz seiner unleugbaren, unabdingbaren Friedensfunktion generiert der „zwanglose Zwang“ doch auch ein *Abwendungsverbot* und erzeugt insofern, trotz aller Zwanglosigkeit, eben auch Zwang.

***

Ich möchte allerdings vermeiden, dass das Ideal der *einen* Vernunft zugunsten der Freiheit, sich „umzudrehen und wegzugehen“, in Misskredit gerät. Das wäre eine Übersteuerung der lebenskünstlerischen Abwendungspraxis. Richtig verstanden, handelt es sich bei der *einen* Vernunft um ein Ideal, einen Horizont unseres Menschseins. Kant hätte von einem regulativen Prinzip gesprochen. Wir streben nach der Vernunft, so wie wir nach der Wahrheit streben. Unsere ideale Strebensrichtung darf uns jedoch nicht vergessen lassen, dass eine Voraussetzung der Zähmung menschlicher Bestialität gerade in der Anerkennung kultureller Vielfalt liegt. Diese beeinflusst nicht zuletzt auch unsere Methoden und Evidenzen, vernünftig zu sein. Dessen unbeschadet strebt jede Kultur danach, sich einer *universellen Ratio* zu befleißigen, deren Wahrheiten allgemeingültig sind – und so ist jeder humanen Zivilisation in ihrer Tiefe auch der Gedanke der *einen* Menschheit als *Solidargemeinschaft* nicht fremd, selbst wenn die Praxis der interkulturellen Konflikte, bis hin zu den großen Kriegen, eine andere Sichtweise nahezulegen scheint.

Kapitel II

Die psychologische Fessel

Beziehungsfallen

Es gibt einen Cartoon des französischen Zeichners und Karikaturisten Jean-Jacques Sempé, auf dem die Seitenansicht zweier Menschen, eines Mannes und einer Frau, zu sehen ist; beide sitzen einander in tiefen Fauteuils gegenüber. Die Szenerie wirkt zunächst friedlich, der Abstand zwischen den beiden ist so gewählt, dass der Betrachter den Eindruck gewinnt, keiner der beiden Sitzenden würde dem anderen zu nahe kommen. Und, wenn ich mich recht erinnere, ist im Hintergrund zwischen den Sitzenden ein Wandkamin zu sehen, in dem ein Feuerchen milde Wärme verbreitet.

Die Bilderfolge zeigt uns, wie sich die Gesichter und Körper des Paares – es handelt sich offenbar um ein Ehepaar – zu verändern beginnen. Ob die beiden Streit hatten, bleibt offen. Wenn ja, dann ist immerhin so viel sicher: Der Disput löste zwischen dem Paar eine ungeheuerliche Gefühlsaufwallung aus. Wenn nein, dann muss zwischen dem Paar eine Gefühlsanspannung geherrscht haben, die dadurch ausgelöst wurde, dass beide einander bequem gegenübersaßen und Augenkontakt hatten. Das reichte irgendwann, es war genug, endgültig genug!

Die Physiognomie der beiden unterliegt einem fast dämonischen Wandel, ihre Körper schnellen nach vorne, heraus aus den gut gepolsterten Fauteuils. Aus der friedlichen, wohlbetuchten, ein wenig spitznasigen Kleinbürgerlichkeit tritt plötzlich Fratzenhaftes hervor, mit weit vorgestreckten Schnauzen, die eine Reihe messerscharfer Zähne sichtbar machen. Man ist an Echsen, Saurier, Krokodile erinnert, aggressive Fresstiere, die aufeinander losstürzen, um einander zu verschlingen. Die Augen sind hasserfüllt, es ist ein Miniarmageddon der Zweierbeziehung.

Und nun die Pointe: Schon scheinen sich die beiden ineinander zu verbeißen, da kommt der Exzess des Hasses zum Stillstand. Die Gesichter nehmen wieder ihre normalen Züge an; die gerade noch zum Sprung aus dem Fauteuil bereiten Gestalten sinken in ihre entspannte Lage zurück. Und da ist es, das Ende der Bilderfolge, und es ist, als wäre nichts gewesen …

Was hier mit wenigen Strichen ausgedrückt wird, indem der Zeichner mit dem Entsetzen seinen Spaß treibt, ist das Elend der Beziehungsfessel. Die beiden, Mann und Frau, können nicht voneinander lassen. Sie kennen einander schon lange, und im Grunde sind sie einander überdrüssig. Die Liebe und Zuneigung der ersten Jahre ist längst verflogen, die Kinder – ich variiere jetzt frei – sind alle aus dem Haus, was bleibt ist eine Gemütlichkeit an der Oberfläche, unter der sich Langeweile, Verzweiflung und Wut angestaut haben. Es wäre das Beste, jeder ginge seiner Wege.

Aber genau diese Alternative scheint nicht möglich, man ist, aus welchen Gründen auch immer – Trägheit, Gewohnheit, Angst vor dem Alleinsein –, zusammengeschmiedet. Und so wird man weitermachen, immer wieder zwischen den Phasen des zivilisierten Umgangs miteinander in Episoden der Rage hineingetrieben. Da mag es schon als Erfolg gelten, dass keine Gewalttat gesetzt wird, am Ende einer einstigen Liebesbeziehung kein Mord steht, angesiedelt zwischen sadistischer Lust und unerträglichem Ekel.

Zweifellos gibt es menschliche Situationen, die so geartet sind, dass ein weiteres Miteinander kaum möglich scheint. Im Zentrum solcher Beziehungsmuster steht die berüchtigte *Double-bind*-Konstellation, die gerne durch das Gebot „Wasch mir den Pelz, aber mach mich nicht nass!“ ausgedrückt wird. Das ist ein sehr anschauliches Beispiel dafür, dass Menschen voneinander Dinge und

Handlungen verlangen, die keiner der Partner angemessen bereitstellen kann.

Im Alltag finden wir komplexere, viel weniger durchschaubare, doch meist auch nicht derart zwingende Situationen. Das oben geschilderte Ehepaar – wir wollen annehmen, dass es sich um ein solches handelt – verkörpert eine Art Doppelbindungsdrama der zwar weniger eindeutigen, dafür aber umso auswegloseren Art. Sie sind einander noch immer verfallen, einander auf Gedeih und Verderb ausgeliefert, man könnte dies als eine Form der Liebesbeziehung analysieren. Allerdings ist es der Fall, dass an die Stelle jener gegenseitigen Anziehung, welche wir normalerweise „Liebe" nennen, das Gegenteil getreten ist, ein, man möchte sagen, inniger Abscheu voreinander, von dem weder die Frau noch der Mann lassen können.

Aber da ist gewiss noch mehr im Spiel, wenn auch, wie Sempé die Situation darstellt, nicht gerade jene Inversion der Liebe, die uns im Drama *Wer hat Angst vor Virginia Woolf* von Edward Albee begegnet. Denn die Demütigungs- und Hassspiele, zu welchen die beiden Protagonisten jenes Stücks sich wechselseitig hochschaukeln, sind eine verzweifelte Art, einander zu suchen, indem man einander zerstört. Die Liebe von Mann und Frau, des glanzlosen Geschichtsprofessors George und seiner frustrierten Frau Martha, ist, wie sich nach der Eheschlacht am frühen Morgen unter großer Erschöpfung zeigt, derart geartet, dass keine Trennung infrage kommt.

Man wird weiterhin in der Hölle leben müssen, von der Sartre mit existenzialistischem Aplomb verkündete, es seien immer die „anderen". *L'enfer c'est les autres.* Das kleinbürgerliche Beziehungsdrama, das uns Sempé erahnen lässt, spielt freilich schon jenseits einer immerhin untergründigen Liebeswelt. Eher sind enttäuschte Erwartungen, Müdigkeit und vor allem eine Alternativlosigkeit im Spiel, die ihren tieferen Grund in einer Gewöhnung an den anderen Menschen, auch in einer Vertrautheit mit den gemeinsamen Spielregeln, Ritualen, Ticks und Verhaltensweisen haben mag, die man ebenso verabscheut, wie man von ihnen nicht loskommt.

Die beiden können sich nicht einfach voreinander umdrehen und voneinander weggehen. Sie sind auf eine tragikomische Weise aufeinander eingeschworen. Ist das nun ein Ausdruck unserer westlichen, christlichen, ehemoralischen Kultur oder ein Ausdruck höchstpersönlicher Obsessionen? Wer könnte das genau sagen? Dass wir Sempés Cartoon sofort verstehen, ist gewiss ein Zeichen dafür, dass es sich dabei um keine „Ausreißersituation" aus dem handelt, was wir als unseren Alltag kennen oder zu kennen glauben. Etwas Paradigmatisches haftet der Szenerie an. Wir müssen uns fragen, ob es denn wirklich Ausdruck einer Lebenskunst wäre, wenn die Beziehungen der Menschen im Privaten erst gar nicht jene Intensivebene erreichten, wo es dann nicht mehr möglich ist, sich vom anderen einfach abzuwenden. Die Antwort auf diese Frage ist keineswegs eindeutig, jedenfalls kein eindeutiges „Nein".

In unserer Kultur wurden spätestens seit den 1960er-Jahren des vorigen Jahrhunderts Beziehungsformen sexueller und quasi ehelicher Art ausprobiert, die von vornherein auf keinen „Bund fürs Leben" und die damit einhergehenden Verpflichtungen und emotionalen Belastungen ausgerichtet waren. Die Flower-Power-Bewegung der Hippies wollte genau dies: lockere, der traditionellen Vorstellung regelrecht entgegengesetzte Formen des Zusammenlebens, die es leicht machen sollten, sich – bei innerer Ermüdung und sonstigen Unverträglichkeiten – wieder informell und ohne *hard feelings* zu trennen.

Hier hätte als Motto tatsächlich gepasst: „Umdrehen und weggehen!" Aber wie sich zeigte, war dieses Lebensmodell für den Alltag, der doch nicht zu ignorieren ist, ungeeignet.

Wollte man, als Mittelloser und womöglich Drogensüchtiger, nicht auf der Straße oder in der Entzugsklinik landen, mit eigenen Kindern, die wegen Verwahrlosung in staatliche Obhut genommen wurden, dann musste man ein stabiles Modell des Zusammenlebens suchen – ein Familienmodell, das, wie man heute zu sagen pflegt, nachhaltig ist, das heißt lang währende Verpflichtungen miteinschließt.

Die dadurch entstehenden Konflikte, die bis zur Sempé-Dramatik reichen mochten, ließen sich für manche, die zu den Besserverdienenden zählten, durch psychologische „Interventionen" abfedern. Viele dieser Interventionen, namentlich im Eheberatungsmodus, zielten darauf ab, die ineinander verbissenen Partner mit dem Gedanken anzufreunden, dass es auch möglich wäre, das Beziehungsgefüge, in dem man sich selbst und dem anderen immer mehr Schaden zufügte, zu lockern, ohne die aus der Beziehung entstandenen Verpflichtungen einfach ad acta zu legen. Mit anderen Worten: Bestenfalls erlernte man die Lebenskunst der Abwendung unter gesitteten bürgerlichen Gesetzesvorgaben.

Die Frage, ob diese Kunst nicht besser beherrscht werden und Teil unserer dominanten Kultur sein sollte, ist berechtigt. Wir leben unter Wohlstandsbedingungen, die es prinzipiell gestatten, ohne persönliche Katastrophen wieder „auseinanderzugehen“, wenn die persönlichen Umstände oder die partnerschaftliche „Chemie“ nicht weiter passen. Die Kunst des Loslassens besteht darin, sich umzudrehen und wegzugehen, schon bevor man sich nicht mehr „riechen“ kann, mit möglichst unbeschädigtem, aber belehrtem Blick auf neue Lebenshorizonte zu, ohne sich der Verpflichtungen zu entschlagen, die aus den bisherigen Lebensumständen folgen.

Die Kehrseite dieser Lebenskunst, die sich heute in der Patchworkfamilienpraxis und mannigfachen rechtlichen Erleichterungen im Scheidungsprozess manifestiert, darf allerdings nicht ausgeblendet werden. Denn wie immer man aus diesen oder jenen Gründen zum westlichen Ideal der ein Leben lang währenden Kleinfamilie stehen mag (man mag es reaktionär und triebfeindlich nennen) – nirgendwo sonst lassen sich *Intensitäten einer bestimmten intimen Prägart* besser realisieren. Das betrifft die Entwicklung einer Innigkeit, die über Jahrzehnte hinwegreicht, einer sich daran anschließenden wechselseitigen Hilfsbereitschaft ohne Wenn und Aber. Es betrifft auch die Entfaltung der Erotik. Paare, die eine lebenslange Ehe als ihre natürliche Lebensform betrachten, werden verschiedene Formen des körperlichen

Einander-Naheseins durchlaufen, welche in kurzfristigen Liebesepisoden kaum jemals jene Tiefe erreichen, von denen miteinander Altgewordene zu berichten wissen.

Alles, was zur Lebenskunst des Loslassens und der Abwendung hier gesagt wird, ist also keine Attacke gegen das Liebesideal, welches dem Modell der lebenslangen Beziehung zwischen Menschen zugrunde liegt. Dieses Ideal mag ein Ideal bleiben und es mag unter widrigen Bedingungen dort enden, wo Sempé es in seinem Cartoon aufnimmt. Trotzdem wäre sein Verlust gleichzusetzen mit dem Verlust unserer Humanität. Die wahre Liebe ist nichts, wovor man sich umdrehen und weggehen könnte.

Davon kündet selbst noch der romantische Liebestod, denn gerade er ist ja, in seiner opernhaften Ausgestaltung, ein Fanal ewig währender Treue samt dem unbezwingbaren Verlangen, keine wie immer geartete Trennung zu dulden. Die Tragik der jungen Liebenden ist zugleich ein Ort höchster Erfüllung, ein religiöser Ort, für den jede Abwendungsgeste eine Existenzkatastrophe bildet: so, als ob man sich vom Glanz Gottes abwenden wollte – um sich woraufhin zuzuwenden? Etwa sich selbst zu, narzisstisch hin zu seinem eigenen Bild, wie es die Engel taten, die sich mit dem bösen Willen der Egozentrizität vollgesogen hatten?

Wo die Liebe hinfällt …

Julian Barnes' kleiner Roman *The Only Story* (2018) beginnt etwa folgendermaßen: Würdest du lieber mehr lieben und dafür mehr leiden? Oder würdest du lieber weniger lieben und dafür weniger leiden? Und Barnes fügt gleich hinzu, dass dieser Alternative keine wirkliche Wahl zugrunde liegt. Wer könnte schon das Ausmaß seiner Liebe kontrollieren? Und wenn er es könnte, dann wäre es eben keine Liebe. Wie immer man diesen Zustand nennen würde – jedenfalls nicht Liebe …

Es gibt, das ist die Lehre, Zustände, in denen man sich befindet oder nicht befindet; und ob man sich in ihnen befindet oder nicht, hängt nicht von der eigenen Entscheidung ab. Das kann ganz und gar äußere Gründe haben. Man wird arretiert, in eine Zelle gesteckt, und es steht nicht in unserer Macht, uns „umzudrehen und wegzugehen". Doch die Gründe, um die es sich handelt, können innere sein, und ich denke, es sind oft die inneren Gründe – unsere Stimmungen oder Gefühle –, von denen wir uns nicht einfach abwenden können.

Die Liebe ist ein solcher Grund. Wer eines Tages zu dem Menschen, den er angeblich liebt, zu sagen imstande ist (und entsprechend handelt): „Tschüss, adieu, das war's, es war sehr schön, aber jetzt muss ich weiterziehen", der hat in Wirklichkeit niemals geliebt. Zwar *kann* ich lieben, indem ich mich abwende, mich umdrehe und weggehe; aber dann ist mein Verhalten ein besonderer, besonders schmerzhafter und bisweilen besonders tugendhafter *Ausdruck* meiner Liebe. Das ist etwas ganz und gar anderes als wegzugehen, weil man gar nicht wirklich geliebt hat. Die Freiheit, welche der nur scheinbar Liebende hat, ist dem wahrhaft Liebenden verwehrt. Geht dieser weg, um das geliebte Wesen zu beschützen, so liegt darin keine Freiheit gegenüber der Liebe; sie ist es ja, die ihn schweren Herzens zum Handeln treibt.

Ähnliches gilt auch für moralische Verhältnisse. Wenn man an bestimmte Prinzipien, die einem bestimmte Pflichten auferlegen, bedingungslos glaubt, weil man von ihnen *innerlich überzeugt* ist – sei es aus anscheinend den besten Gründen oder weil man sich als Erbe einer Tradition und solcherart gebunden fühlt –, dann ist es im Rahmen der Eigenautonomie, der Willkürlichkeit des Handelns, zwar möglich, gegen jene Pflichten zu verstoßen. Man kann das

Gute *äußerlich* hinter sich lassen, mit schlechtem Gewissen oder rebellischem Willen; aber solange man die Prinzipien, denen man fortan nicht mehr zu folgen gedenkt, als *die* Prinzipien, denen man folgen *sollte*, erkennt und anerkennt, existiert eine Bindung, die man nicht *abzuschütteln* vermag.

Man kann – um ein Beispiel zu geben – nicht vernünftig und ehrlich vor sich selbst sagen, dass man sich vom Prinzip der Nächstenliebe oder der ehelichen Treue oder der sozialen Gerechtigkeit „einfach" abwendet, sich umdreht und weggeht, falls man *zu wissen glaubt*, dass man, vom moralischen Standpunkt aus gesehen, den richtigen Weg verlassen hat. Es ist zwar möglich, den für richtig gehaltenen oder als verpflichtend erkannten Weg zu verlassen, sei es aus Motiven des Trotzes oder des Protests gegen die „herrschende Ordnung". Man mag als Desperado, Revolutionär oder Anarchist der *Fuck-the-System*-Regel folgen, ohne sich doch von der Moral entbinden zu können, welche dem System inhäriert, weil sie nämlich *allen* Systemen, soweit sie überhaupt menschlich – human, humanitär – sind, zumindest als kritische Richtlinie, der zu folgen wäre, innewohnt.

Wenn Menschen sich zusammentun, um ein gemeinsames Lebensprojekt in die Tat umzusetzen, dann folgen sie dabei einer Mischung aus mehr oder weniger „geheiligter“ Konvention („so macht man das eben“) oder einer ethischen Regel („so sollte man es machen“). Spätestens seit der Romantik wird es dann üblich, in der bloßen Vernunftehe einen Ursprung weitverbreiteten und andauernden Leids – Eheleids – zu erkennen. Sobald die Bildungsbedingungen und ökonomischen Verhältnisse die Geschlechter, nicht nur den Mann, auch die Frau, zur Selbstständigkeit befähigen, wird das Motiv der Liebe als Vorbedingung des „Bundes fürs Leben“ prägend.

Die Gefühlstiefenlagen der Menschen haben sich seit dem 19. Jahrhundert tiefgreifend verändert. Jene Liebessehnsüchte und Sexualismen, die noch die klassische psychoanalytische Schule herausragend beschrieb, sind zwar nicht weniger heftigen Emotionen gewichen; doch in einer Welt, in welcher eine größere Selbstbezogenheit (Narzissmus) und eine stärkere Ausrichtung auf die Vielfalt des Lebens (Karriere, Freizeit) den öffentlichen Ton angeben, wird auch das Liebesverlangen nicht mehr jene absolute, auf einen einzigen Partner bezogene Form annehmen, wie sie für das romantische Bürgertum typisch gewesen sein mochte. Die Egozentrizität der Beziehungen, ein spielerischeres Moment im sexuellen Umgang miteinander und das Bewusstsein, dass nichts im menschlichen Leben auf Dauer gestellt sein müsse, prägen fortan nicht nur die Intimsphäre, sondern die Kultur des ehelichen oder eheähnlichen Zusammenlebens insgesamt.

Obwohl es also heute, vom psychologischen Standpunkt aus betrachtet, für die meisten Menschen leichter sein dürfte, aus einer Liebesbeziehung „wegzugehen" oder „auszubrechen", bleibt nach wie vor die Frage, ob dadurch die Ehe als typischer Ausdruck einer Liebesbeziehung obsolet wurde. Und die Antwort darauf lautet: „Ja und nein." Zwar definiert sich die Liebe nicht mehr in erster Linie über das Ehegelübde (sie tat es auch zu anderen Zeiten nicht, es war eine kurze Phase, worin ein viktorianischer Lebensstil mit einem romantischen Gefühlsideal verschmolz). Doch gilt nach wie vor die Ehe – mit der Voraussicht eines lebenslangen Bestandes unter dem Treuegelöbnis – weithin als die beste Option, um ein einigermaßen wohlbefindliches *soziales Leben* zu führen (jedenfalls unter dem Vorbehalt, dass die Existenz als „Single", als alleinstehende Person, auf Dauer keine wünschbare Alternative bietet).

Wo die Liebe ins Zentrum der Beziehung rückt und dabei aber zu einer komplexen Beziehungsstruktur führt (gemeinsamer Haushalt, eigene Kinder), dort verfällt mit der Liebespassion auch leicht der institutionelle Rahmen. Einfach „umdrehen und weggehen“ ist in solchen Fällen kein Prozedere, um den Abwendungsschaden so gering wie möglich zu halten. Deshalb muss die liberale Gesellschaft Linderung schaffen, vor allem durch die Anerkennung menschlicher Notlagen, wie sie aus der „Übernähe“ des jeweils anderen folgen.

Rechtliche Regelungen müssen, um Schadensbegrenzung nach allen Seiten hin bemüht, oftmals für eine „Entdichtung“ des engen, allzu engen Beziehungsraumes im Privaten sorgen. Im Übrigen geht diese Problematik über die familiären Aspekte des Zusammenlebens weit hinaus. Man denke exemplarisch an die Verhaltensregeln in öffentlichen Verkehrsmitteln oder im Straßenverkehr, durch welche die erzwungene Nähe zum fremden Nächsten gleichsam neutralisiert wird. Man nimmt den anderen dann nicht mehr als Person, an der man Anstoß nehmen könnte, ungefiltert wahr, sondern vor allem als Funktionsträger – als Mitfahrgast oder als Teilnehmer am fließenden Verkehr.

Doch wie sich Liebe oder Abscheu als höchstpersönliche Momente der Geschlechterinnigkeit gestalten, ist nur zu einem geringeren Teil die Frage einer Lebenskunst der Zu- oder Abwendung. Gefühle sind kulturell formbar, aber in ihrem Kern gehören sie zur natürlichen Grundausstattung der Menschen als soziale Wesen. Zugleich drängen wir – und zwar gerade als soziale Wesen – darauf, die Liebesbeziehung in einer institutionellen Form zu binden und zu modellieren. Und dabei rückt eine Regel ins Zentrum; sie ließe sich als Regel der Abwendung von der Abwendung bezeichnen. Demnach besteht die Abwendungskultur des zeitgenössischen Liebens darin, langfristige Beziehungen zu ermöglichen, indem diese *nicht* institutionell *versteinert* werden. Plakativ gesagt: Im Bewusstsein, sich „umdrehen und weggehen" zu können, liegt der paradoxe und oftmals doch wesentlichste Grund dafür, zusammenzubleiben – „trotz allem".

Pflicht und Neigung

In Thomas Manns Roman *Buddenbrooks – Verfall einer Familie* erleben wir über vier Generationen hinweg eine Familienchronik, die sich zuallerletzt dadurch auszeichnet, dass die Familienmitglieder glücklich wären. Ganz im Gegenteil, obwohl der Kaufmannsstolz und die mit dem Getreidehandel erwirtschafteten Ressourcen ein respektables Leben nach innen und eine stattliche Repräsentation nach außen ermöglichen. Über eine Reihe von Schicksalsschlägen hinweg wird schließlich der 48-jährige, bereits zum Senator gewählte Thomas Buddenbrook, der sich, trotz gegenteiliger Neigungen, seiner familiären Verpflichtungen stets bewusst bleibt, mit Arthur Schopenhauers Werk *Die Welt als Wille und Vorstellung* vertraut. Der fernöstliche Blickwinkel des Werkes löst in ihm eine Art – wenn man so sagen darf – euphorische Verzweiflung aus. Sein Wirken als Geschäftsmann und Börsianer empfindet er schon länger als sinnlos, seine Gesundheit ist angegriffen, sein Wesen düster. Doch nun erfährt er bei Schopenhauer, dass der Tod der Unzerstörbarkeit unseres Wesens nichts anhaben könne; die Lektüre eröffnet dem honorigen Senator eine „ewige Fernsicht von Licht“, während er sein bisheriges Leben als eine Form der Entfremdung verabscheuen lernt.

Thomas Mann lässt keinen Zweifel daran, dass er diese philosophische Verstiegenheit zugleich für eine zwar verständliche, aber doch im Grunde tadelnswerte Abirrung ins Spirituelle hält. Die irdische Pflicht, wozu zentral die familiären und beruflichen Angelegenheiten zählen, bindet kategorisch – auch wenn der Einzelne daran tragisch zerbrechen mag. Ein Ausweichen in eine persönliche Mystik ist Exzentrik, sie muss der Ausnahmefall bleiben, ansonsten das gesellschaftliche Ganze Schaden nehmen würde und auseinanderzubrechen drohte. Gleichzeitig ist für den noch relativ jungen Autor der *Buddenbrooks* selbst – das Buch erscheint 1901, Mann ist 26 Jahre alt – die Vorstellung eines Lebens unter dem kategorischen Pflichtimperativ keine leicht erträgliche Existenzanmutung des lutheranisch-deutschen Großbürgertums im 19. Jahrhundert.

In Manns späterhin literaturnobelpreisgekröntem Schwellenwerk der Moderne spielt der Konflikt zwischen Pflicht und Neigung bereits jene Rolle, welche die westliche Gesellschaft revolutionieren und von innen heraus umbilden wird. Je stärker die höchstpersönlichen, individuellen Neigungen, Interessen, Vorlieben das eigene Tun und Lassen im Kollektiv bestimmen, und zwar unter der Prämisse legitimer Selbstverwirklichung, umso komplexer müssen jene Mechanismen werden, welche das Ganze – Gesellschaft, Staat, Nation – gegen die zentrifugalen Kräfte des Individualismus puffern.

In den meisten Teilen der Welt, so wie sie sich heute darstellt, müssen die Diskussionen hinsichtlich des Zusammenlebens, der Reproduktion und Kindererziehung, die wir im liberalen Westen tagaus, tagein führen, mit einem unverständigen Kopfschütteln rechnen. Und „unverständig" ist vermutlich gar nicht das richtige Wort. „Schamlos", „dekadent", „Gott ein Gräuel" und dem „Untergang geweiht" – das sind, soweit ich sehen kann, in Staaten mit einer paternalistischen, patriarchal-kleinfamiliären Tradition, noch dazu einer religiös unterbauten, wohl eher die Begriffe, mit denen unsere fortgeschritten moderne Lebenswelt beschrieben wird. Und damit nicht genug: Sogar in unserer eigenen Kultur wirkt eine konservative und neuerdings wieder virulente Einstellung in Geschlechter- und Familienfragen fort, die das Modell der monogamen Kernfamilie, an deren Spitze ein *pater familias* steht, für naturgewollt und außerdem heilig erklärt.

Was hätte wohl ein Kulturkritiker vom Format eines Oswald Spengler – 1918 erschien der erste Band seines monumentalen Werkes *Der Untergang des Abendlandes* – zu unseren „laxen" Sitten des Zusammenlebens gesagt? Er hätte sie als Ausdruck des vollzogenen Niedergangs der einst großen und sinntiefen abendländischen, nun ihrer „faustischen Seele" entfremdeten Kultur betrachtet. Er hätte in unserem Treiben den Ausdruck einer entwurzelten, zum Absterben bestimmten Zivilisation gesehen.

Viele Geistesmenschen seiner und späterer Zeiten gaben ihm recht, vom jungen Martin Heidegger in *Sein und Zeit*, 1927, bis zum älteren Max Horkheimer, der mit großer innerer Distanz der rebellischen 1968er-Generation und ihren antibürgerlichen Agitationen gegenüberstand. Ausgerufen wurde von den revoltierenden Studenten der Tod des – wie es hieß – traditionellen Familienbetriebs, dessen Einbettung in einen zunehmend liberalen Staat die kapitalistische Ausbeutung verschleiern sollte. Der deutsch-amerikanische Neomarxist Herbert Marcuse, von dem die Prägung des „Eindimensionalen Menschen" (*One-Dimensional Man*, 1964) stammte, sprach von „repressiver Toleranz": Zügel lockern, um den Einzelnen besser manipulieren zu können!

An diesem Sturm und Drang setzte eine Reihe von konservativen Kritiken an, die bis heute fortdauern, unter freilich gründlich veränderten Bedingungen. Alle diese Kritiken geißelten die „selbstsüchtige" Neigung des modernen und postmodernen Menschen. Sie konfrontierten die Dynamik des „Umdrehens und Weggehens" im Falle misslingender Intimbeziehungen mit Argumenten, die auf eine naturgegründete und daher übergeordnete Pflicht pochten.

Da gab und gibt es zunächst das Argument aus der ererbten Natur menschlicher Vergesellschaftung. Es lautet: Die Keimzelle jeder Sozietät bildet die Familie, wobei im Kern das Zusammenleben von Mann und Frau steht. Das Paar ist für den Nachwuchs und damit auch, selbstverständlich mit verteilten Aufgaben und meist unter Bedingungen der Ungleichheit, für das Fortbestehen des Ganzen verantwortlich. Dazu dient nicht zuletzt die geregelte Akkumulation und erbliche Weitergabe von Gütern über die Generationen hinweg. Allerdings ist die Frage, ob es sich dabei um unsere christlich tradierte oder andere patriarchale Familienformen handelt, biologisch gesehen weniger entscheidend, solange nur die Geschlechtskonstellation „Mann–Frau" als Reproduktionsatom erhalten bleibt.

Zum biologischen Argument hinzu tritt das religiöse Argument, wobei sich beide Argumente stützen: Das erste Menschenpaar der monotheistischen Großreligionen waren Mann und Frau, Adam und Eva, und ihnen entspringt die Reihe der Stammväter, deren Stämme als „heilig" gelten, also nicht einfach vom Menschen auflösbar sind – ebenso wenig auflösbar wie die einmal geschlossenen und vollzogenen Ehen, es sei denn, es gäbe schwerwiegende Gründe, beispielsweise die Unfruchtbarkeit oder Untreue der Frau (die Untreue des Mannes wird oft achselzuckend nachgesehen).

Schließlich wird zur Überhöhung der Mann-Frau-Zelle das Naturrecht bemüht, ob religiös oder anthropologisch. Demnach gehört zum Wesen des Menschen, dass er als *animal sociale* reproduktionsorientiert lebt, das heißt, einen andersgeschlechtlichen Partner wählt, um mit ihm sexuellen Verkehr zu haben und Kinder zu zeugen. Im modernen Philosophendeutsch spricht man beim Gelingen dieser Voraussetzung allen Menschseins und der daraus folgenden Gesellschaftsbindung von *Natural Goodness.*

So lautet denn auch der Titel eines Buches der britischen Neoaristotelikerin Philippa Foot aus dem Jahre 2001. Foot lehrte an zahlreichen Universitäten in England und den USA. Sie redete einer liberalen, tugendethischen Position das Wort. Ihr schwebte daher gewiss keine Politik einer Geschlechterkultur vor, deren Praktizierung alle Hinwendungsformen zu gleichgeschlechtlichen Partnern als „unnatürlich“ stigmatisiert hätte.

Seit eh und je weiß man, dass dem biologischen, religiösen, naturrechtlichen Geschlechter- und Reproduktionsideal die Vorstellung zugrunde liegt, dass alle Männer und Frauen das Bedürfnis haben, einander, biblisch gesprochen, zu „erkennen“. Und zugleich ist ebenfalls bekannt, dass keineswegs alle Menschen diesem Ideal genügen, ja, dass es Zeitgenossen gibt, die spezielle Bedürfnisse sexueller Natur haben, denen ein spezielles, von der allgemein gebilligten Norm abweichendes Modell des Zusammenlebens entspricht.

Das Verhältnis des Sokrates – er ist bloß ein Typus – zu seinen Lieblingsschülern ging ins althumanistische Bildungsideal ein. Dieses Verhältnis war mehr als ein zärtliches, und es kann wohl kein Zweifel bestehen, dass es seit jeher Männer gab, die bei anderen Männern schliefen. Alle wussten das, auch die Frau des Sokrates, die sprichwörtliche Xanthippe – ein, beiläufig gesagt, sexistischer Topos. Doch weil dieses Verhalten nicht wirklich billigenswert schien, wurde darüber hinweggeschwiegen.

Alles war immer schon bekannt: Wir finden im Mythos Frauen, die keinen Gefallen an Männern, sondern nur an Partnerinnen haben; wir finden Zwitterwesen und solche, die sich gerne als das andere Geschlecht verkleiden. Wir finden monogame Götter und promiskuitive Helden und solche, die wechselnde Liebschaften mit einer lebenslangen Beziehung verknüpfen. Wir finden, oft in religiöser Verkleidung, Masochisten und Flagellanten, Sadisten und sogar Kannibalen *in eroticis*. Freilich, die immerhin stillschweigende Billigung abweichenden Sexualverhaltens variiert, man denke nur an den Strafkatalog des Levitikus, wo für den Beischlaf unter erwachsenen Männern die Todesstrafe verlangt wird (Lev 20,13).

Trotz all dieser Varianten des Geschlechtslebens und der Variationen des sozialen Reagierens bleibt über die Zeiten hinweg – ausgenommen dekadente Spätzustände, wie sie, exemplarisch gesprochen, für das Rom gegen Ende des Imperiums charakteristisch sein mochten – der Typ des heterosexuellen und damit reproduktionsfähigen Paares als Beziehungsurtyp unbestritten, und zwar auch in normativer Hinsicht (wobei, wenn wir unseren Blick dem Orient oder Afrika zuwenden, Vielehe und Haremskultur Sonderformen bilden).

Das narzisstische Paradox

Unterdessen hat sich Grundlegendes verändert. Wir alle sind, auch wenn wir uns unterdessen der Aufklärung gegenüber gerne kritisch verhalten, die Erben einer Werterevolution. Wir gehen – zumindest bis auf den heutigen Tag – von der gleichen Würde aller Menschen aus. Darin enthalten ist die Freiheit, die mit der gleichen Freiheit aller anderen vereinbar zu sein hat. Dieses von Kant stammende Postulat gilt auch für sexuelle Belange und Vorlieben, immer vorausgesetzt, es besteht auf allen Seiten der Partner Einverständnis und es wird keine Person außerhalb des Einverständniskreises verletzt.

Der heute in unserem Denken und Fühlen tief verankerte Gleichheitsgrundsatz ebnet den Weg zur Vorstellung, dass jeder Mensch das Recht haben sollte, nach seiner Fasson – wie es heißt – „selig" zu werden, jedenfalls so glücklich wie möglich und nicht dazu verdammt, im Unglück zu verharren. Denn alle Menschen streben nach Wohlbefinden. Liberalität der Werte und eine utilitaristische Grundausrichtung beförderten in den westlichen Demokratien eine Aufbruchsstimmung, die sich gegen alle Formen der Diskriminierung richtet – *einschließlich* der Aburteilung jener Verhaltensformen, die in sexuellen Belangen und des darauf fußenden Zusammenlebens vom Mehrheitstypus, der heterosexuellen Paarbeziehung, abweichen.

In diesem Zusammenhang muss man den – salopp formuliert – „Hype" erwähnen, der sich in den letzten Jahrzehnten rund um das Phänomen der sogenannten Patchworkfamilien entfaltete. Teils mehrfach geschiedene und mehrfach verheiratete Personen bilden demnach lockere Zusammenschlüsse und ergeben ein durchlässiges soziales Netz von mehr oder weniger weitläufig Verwandten, zwischen denen die Kinder hin und her pendeln können. Dass diese Patchworks in der Praxis oft eher schlecht als recht funktionieren und oft auch gar nicht, ist mittlerweile kein Geheimnis mehr. Dennoch bliebe zu fragen, was denn die *bessere praktikable* Alternative in einer Gesellschaft wäre, in der ein relativ großer Prozentsatz an verheirateten Paaren – es dreht sich etwa um die Hälfte – nach einer mehr oder minder langen Zeit des familiären Zusammenlebens geschieden wird, übrigens meistens einvernehmlich.

Eher konventionell und – vor allem – konservativ denkende Kreise äußern nun aber immer wieder die Befürchtung, dass durch das Phänomen der familiären „Diversität“ – um diesen Ausdruck zu bemühen, welcher eine zivilisierte Abwendungsdynamik markiert – der soziale Zusammenhalt erodieren könnte. Das klingt katastrophisch, nämlich so, als ob das Kollektiv von einer schleichenden Krankheit befallen wäre, die eines Tages beim massenpsychologischen Ausnahmezustand enden müsste – aufgrund einer, wie es gerne heißt, „falsch verstandenen Toleranz“. Es gibt Befürchtungen, dass in unserer Gesellschaft, infolge ihrer „individualistisch-hedonistischen“ Ausrichtung, wozu die sexuelle und familienpolitische Libertinage gehört, immer mehr egozentrische, selbstsüchtige und letzten Endes psychopathische Charaktere auf den Plan treten werden.

Der Verlust gesellschaftlicher Stabilität kann viele Ursachen haben, im vorliegenden Kontext – dem der Kunst des Loslassen-Könnens – interessiert allerdings besonders die Dynamik von Kleingruppen, zumal von Familien und familienähnlichen Zusammenschlüssen. Und wenn es hier eine Gefahr gibt, dann kommt sie gewiss nicht daher, dass Homosexuelle, Transsexuelle, Asexuelle und mir nicht näher bekannte geschlechtliche Mischformen mit der heterosexuellen Mehrheit gleichgestellt werden. Jedenfalls gibt es dafür zurzeit keine empirischen Anhaltspunkte. Wenn überhaupt, dann gründet die Gefahr der sozialen Erosion eher darin, dass unsere aufgeklärten Gesellschaften einen breitgefächerten und tiefreichenden Hang zur Psychologisierung aller menschlichen Beziehungen haben.

Kant – um ein ziemlich ernüchterndes Beispiel zu geben – definierte in seiner *Metaphysik der Sitten*, Abschnitt Eherecht, die Ehe noch als einen rechtlichen Vertrag zum beiderseitigen Gebrauch der Geschlechtsorgane. Damit war der Sinn des Eheverhältnisses klargestellt: Es ging nicht in erster Linie um Liebe, Harmonie, Geborgenheit; es ging um die Erfüllung des sexuellen Verlangens zum Zwecke der Reproduktion und Aufzucht des Nachwuchses. Mit der Romantisierung der Ehe als eines Liebesverhältnisses ändert sich diese Situation grundlegend. Die Ehe als ein vertraglich bestimmtes Pflichtverhältnis sui generis scheint zweitrangig zu werden. Erst bei der Scheidung tritt sozusagen des Ehepudels Kern hervor. Bis dahin rückt das Gefühlsmoment – das Moment höchstpersönlicher Zufriedenheit – in den Vordergrund.

Man muss jedoch keineswegs ein Anhänger Kants sein, um zu bemerken, dass die Geschlechterliebe im romantischen Sinn des Wortes nicht in der Lage ist, die Ehe als Pflichtverhältnis zu ersetzen. Weil aber die Ehepartner heute oft ihre Unfähigkeit, glücklich zu sein, zugleich für Existenzprobleme ihrer Ehe *an sich* halten, geraten sie in den Sog eines „Sprachspiels" des Umdrehens zu sich selbst hin, das aus dem Repertoire narzisstischer Selbstverwirklichung stammt.

Diese Art der Selbstverwirklichung ist vermutlich der nachhaltigste Mythos unserer Zeit. Ihm zufolge hat jeder Mensch ein Recht darauf, sich selbst zu lieben, damit er in die Lage versetzt werde, andere lieben zu können. Das ist eine glatte Verkehrung der pflichtethischen Idee des guten Lebens. Ihr zufolge stehen an erster Stelle stets das Wohlbefinden und die gedeihliche Entfaltung der Nächsten, besonders der eigenen Familienmitglieder. Wer sich nach Kräften um die Erfüllung dieser Maxime bemüht, kultiviert damit erst eine *ethisch erhebliche* Form der Selbstliebe, die in subjektives Wohlbefinden einmünden mag – oder, nebenbei gesagt, eben auch nicht.

Wenn also unsere Gesellschaften an Stabilität verlieren, dann liegt dies in erster Linie an der Psychologisierung menschlicher Beziehungen. Statt von wechselseitigen Pflichten zu reden, ist bei der Partnertherapie vorwiegend von Gefühlen, Stimmungen und emotionalen Projektionen die Rede. Niemanden trifft eine Schuld und doch scheinen immer alle Hilfesuchenden irgendwie schuldig zu sein, weil sie am jeweils anderen ein Bedürfnis ignoriert, ihn emotional vernachlässigt oder dominiert haben.

Auf diese Weise lernen die Partner, ihr Zu- und Miteinander als „gefühlige“ Defektformation zu erkennen, und sie beginnen, die defekte Psychologie ihrer Beziehung durchzuspielen, in Begriffe zu fassen und aus dem Bereich der ethischen Begriffe „herauszuhalten“. Schließlich haben sie den manifesten Eindruck, dass es so – wie man zu sagen pflegt – „auf gar keinen Fall weitergehen“ könne. Sie wollen ihr Leben nicht an eine „ewige Beziehungsarbeit“ verschwenden, die höchstwahrscheinlich ohne befriedigendes Ergebnis bleiben würde.

Gegen die soziale Erosion, die eine Folge der Psychologisierung ethisch fundierter Beziehungen ist, hilft höchstens eine Besinnung auf das Pflichtverhältnis, in welches man eintritt, sobald man eine Familie gründet. Und dabei spielt es keine Rolle, wie sich die Familienangehörigen in sexueller Hinsicht definieren. Denn auch homosexuelle Paare, die – sofern Männer – in Filmen und anderen Medien bisweilen als „tuntig“ und hyperfeminin dargestellt werden, müssen den Unterschied zwischen romantischen Turbulenzen und solchen Schwierigkeiten beachten, die eine Folge der geforderten Erfüllung anstehender Verpflichtungen –

zumal Familienpflichten – sind. Das Motto lautet nicht „Mir gefällt's!", sondern, grob gesagt: „Ich soll!"

Die hier am Beispiel einer Institution, die lange Zeit und gemeinhin noch immer als „Keimzelle der Gesellschaft" gilt, demonstrierte Umbesetzung moralischer Verpflichtungen durch die Vorstellung, es ginge dabei primär um eine möglichst befriedigende Gefühlskultur, ist ein typisch modernistisches Missverständnis. Lange Zeit hatte der Druck angemaßt heiliger Prinzipien und vorgeblich unverrückbarer Moralkodizes die Menschen unter die Knute einer Ethik gezwungen, die sie noch unter den schrecklichsten Lebensbedingungen aneinander kettete.

Eine Lebenskunst der Abwendung hätte unter solchen Bedingungen nicht entstehen können, sie hätte glattweg als gotteslästerlich und damit als verbrecherisch gegolten. Heute hat sich das Blatt gewendet. Wir haben gelernt, dass keine noch so rigide Prinzipienmoral ein Heilmittel gegen psychologische Dammbrüche, gegen schwere Depressionen und mörderische, auch selbstmörderische Verzweiflungsakte ist. Jede dem Menschen gemäße Moral bedarf einer Sektion, die davon handelt, dass es unter bestimmten Bedingungen möglich sein muss, sich aus dem Konfliktfeld oder der Unglücksdomäne wegzubegeben;

dass es folglich einer Liberalität bedarf, die es erwachsenen Menschen gestattet, sich – bildlich und wörtlich verstanden – umzudrehen und wegzugehen.

Doch wie gerade am Beispiel der Institution „Ehe“ erkennbar wird, führt die Umdeutung ethischer in psychologische Konstellationen zu keiner Befreiung. Im Gegenteil bildet die Sensibilitätserhöhung mit Blick auf die eigene „Wellness“ oder Selbstverwirklichung, auf den narzisstischen Status der persönlichen Existenz, zu Zwängen und Verstrickungen, die es erst recht unmöglich machen, *produktiv* loszulassen. Man schleppt die Verstrickung in den anderen mit sich herum, was zur Folge hat, dass man an den anderen jenseits aller vernünftigen Gründe gekettet bleibt, auch wenn man ihn bereits verlassen haben sollte.

Das narzisstische Paradox besteht darin, dass die Befreiung aus der „moralischen Fessel“ es gänzlich verhindert, ebenjene Schritte der Befreiung zu setzen, die einer *Abwendungskultur zwischenmenschlicher Konflikte gemäß wäre*: Schritte konventioneller Art, die über Akte der moralischen Aushandlung, erleichtert durch rechtliche Normierungen, tatsächlich einen neuen Lebenshorizont möglich machen könnten, auf den sich innerlich frei – ohne Angst, Hass, Beschämung und Vergeltungssucht – zugehen ließe.

Kapitel III

Grenzwiderstände

Jeder, der über die Kunst der Abwendung, des „Umdrehens und Weggehens“, des Loslassens und Es-gut-sein-Lassens nachdenkt, wird ins Zentrum seiner Überlegungen das Phänomen der Grenze – dessen verschiedene Formen und Facetten – rücken.

Grenzen definieren gleichermaßen Reviere, Räume, Umgebungen, Gefängnisse und Schutzgebiete. Sie sind in jedem Fall unumgängliche und mehrdeutige Faktoren des Lebens, sie sind sowohl die Ursache von Bedrängnissen und Kriegen als auch der Grund dafür, dass sich das Leben in seinen individuellen Erscheinungsformen nicht immerfort mit seinesgleichen zu konfrontieren braucht, schlimmstenfalls bis zur Auslöschung.

Im Folgenden werden harte und weiche, undurchlässige und durchlässige Grenzen betrachtet, wobei Schwellen und Übergänge von besonderer Bedeutung sind. An ihnen hängt die Möglichkeit und Bereitschaft, auch anderes Leben „gut sein zu lassen“, statt ihm feindlich zu begegnen oder es bloß als Mittel zum Zweck einzusetzen – bis auf Widerruf.

Mehr oder minder offene Grenzen definieren unterschiedliche Toleranzspielräume. Diese erst machen es den Individuen möglich, sich an variable Verhältnisse anzupassen, Konflikten auszuweichen und Zonen der Bedrängnis zu „entdichten“.

Befreiung durch Abkapselung?

Wir leben in einer globalisierten Welt mit einem gegenläufigen Hang zur nationalistischen Verengung. Das ist einer der stärksten Grundwidersprüche unserer Epoche. Andauernd werden wir damit konfrontiert, dass jedes Ereignis in der Welt Nachrichtenwellen, Gefühlswellen, Schockwellen rund um den Globus auslöst, und das innerhalb von Sekunden. Was könnte von hier, Österreich, weiter entfernt sein als Neuseeland, zumindest in geografischen Dimensionen gedacht? Und doch hat die Nachricht auch bei uns augenblicklich eingeschlagen wie eine – man muss schon sagen – emotionale Bombe: Ein weißer Rassist, Faschist des Herrenmenschentums, erschoss fünfzig Muslime während des Freitagsgebets in zwei Moscheen, wobei er eine Helmkamera trug, um die Ausführung seines Massakers zu filmen und im Internet überallhin zu übertragen.

Es sind erst wenige Tage seit dem Anschlag, dem 15. März 2018, vergangen, dass ich diese Zeilen schreibe: Noch immer sind alle unsere Nachrichtenmedien voll mit den Details des Massakers, noch immer werden Gefühle nicht nur bei uns, sondern rund um den Erdball wortreich beschworen, und *tatsächlich* sind die Gefühle Wirklichkeit. Zwischen der Inselgruppe Neuseeland im Südwestpazifik und Österreich liegen etwa 18.300 Flugkilometer, doch die Entfernung, obwohl faktisch real, ist für unser soziales und ethisches Empfinden vollständig imaginär geworden. Auf allen Bildschirmen sind dieselben Bilder des Schreckens zu sehen, die Kommentare gleichen sich zusehends einander an und im elektronischen Netz kursieren das Tötungsvideo und diverse Manifeste des Massenmörders.

Falls wir also überhaupt an den Wechselfällen des Lebens teilnehmen und nicht zu Eremiten geworden sind, die kaum Kontakt zur Außenwelt unterhalten, sind wir zugleich „globalisiert“. Was das im einzelnen Fall bedeutet, ist keineswegs einfach zu beantworten. Auch das neuseeländische Mördervideo, das sich auf Facebook rasend schnell verbreitete, löste ja bei den Betrachtern die unterschiedlichsten Affekte aus, vom blanken Entsetzen über eine schamlose Neugierde bis hin – das darf nicht verschwiegen werden – zur Befriedigung darüber, dass es endlich einmal jene getroffen hat, deren radikalisierte, fanatische Religionsbrüder es gewöhnlich sind, die unschuldige Menschen bei Terroranschlägen ums Leben bringen.

Doch wie immer die innere Reaktion der Konsumenten von Nachrichten weltweit gewesen sein mag, niemand, auch der „Sachlichste", konnte sich heraushalten. Niemand durfte sagen, das Ganze ginge ihn nichts an, niemand durfte sich abwenden und wieder einfach zur Tagesordnung übergehen.

Durfte?

Ja, denn mir scheint, hier ist einzig ein Ausdruck angebracht, der die moralische Situation mittransportiert. Es lässt sich ja kaum übersehen, dass viele Menschen „das Ganze" einfach nicht sonderlich interessierte, geschweige denn innerlich bewegte. Für viele Menschen gab es eben auch in diesem Moment des Schreckens Wichtigeres zu sehen und zu tun. Vielleicht hatte gerade ihre Lieblingsfußballmannschaft das Entscheidungsspiel verloren oder es waren Geschäfte an der Börse abzuwickeln, die versprachen, sich als lukrativ zu erweisen.

An diesem Beispiel lässt sich ein viel allgemeineres Phänomen demonstrieren. Zwar ist es möglich, gewisse Ereignisse, welche, wie man so sagt, die Welt bewegen, individuell auszublenden, doch für den Fall, dass man sie wahrnimmt, ist es, wie immer man subjektiv reagieren mag, nicht angebracht, sich „umzudrehen und wegzugehen“. Wer in der globalisierten Welt lebt – und wir alle tun dies mittlerweile, wir werden nicht einfach entlassen, wir können uns nicht nach Belieben zurückziehen –, der unterliegt einer globalen Ethik, ob das nun im Einzelfall behagt oder nicht. Da wir nicht ernsthaft so tun können, als ob uns die Ereignisse, die Tausende Kilometer entfernt stattfinden, von Naturkatastrophen über Kriege bis zu Hungersnöten, nichts „angingen“, fühlen wir uns, nolens volens, als moralische Subjekte angesprochen:

Wie müsste mein Urteil lauten?

Wie sollten wir reagieren?

Darf etwas Derartiges hingenommen werden?

Es ist dabei wichtig zu erkennen, dass diese die ganze „Kommunität Welt“ umspannenden Fragen zwar globale ethische Reaktionen erfordern und erzwingen, aber dass die ethischen Prinzipien, die von Land zu Land, Kultur zu Kultur, Volk zu Volk gelten, höchst unterschiedlich sein mögen. Wenn in einem saudiarabischen Land Menschenrechtlerinnen zu hohen Haftstrafen und darüber hinaus zu Peitschenhieben verurteilt werden, die praktisch ein sadistisches „Todesurteil auf Raten" bedeuten, dann ist die Zustimmung durch einen großen Teil der eigenen Bevölkerung auf dem Boden eines mittelalterlichen Religionsverständnisses gewachsen. In aufgeklärteren Teilen der Welt wird man Prinzipien folgen, die eine solche Behandlung als „barbarisch", weil die Menschenwürde missachtende Untaten gegenüber Frauen verurteilen, die ganz allgemein unterdrückt werden.

Dies einmal zugestanden, ist es dann aber auch wahr, dass keine der beteiligten Kulturen die jeweils anderen mehr ignorieren kann. Das ist eine Folge der Vernetzung auf allen Ebenen, auf der Ebene der Tag und Nacht umlaufenden Informationen ebenso wie auf der Ebene der ökonomischen Transaktionen oder geopolitischen Kalküle (*policies*). Die optimistische Sichtweise, die der Moderne lange Zeit zu eigen war, bestand nun in der Annahme, dass – durch die globale wechselseitige Abhängigkeit – ein Prozess der Universalisierung unaufhaltsam sein werde; regionale Sitten, Ethiken, Gewohnheiten müssten sich „abschleifen".

Dabei wurde unterstellt, dass das allgemein Verträgliche, das Wohllebensförderliche und überhaupt den menschlichen Grundbedürfnissen Entsprechende zum Tragen käme. Die Hoffnung ging dahin, dass die Unmöglichkeit der kulturellen und wirtschaftlichen Abkapselung den Kräften der „Vernunft" und „Menschlichkeit" zum endgültigen Durchbruch verhelfen würde, und zwar auch in jenen Ländern, in denen das „geheiligte Recht" einer Religion oder eine archaische Ideologie barbarische Zustände des Lebens festschrieben. Im Herz der Finsternis und in den Eingeweiden der Dummheit würde sich zusehends das Licht der Humanität ausbreiten.

Gewiss, die Realisten unter den aufgeklärten Köpfen dämpften von vornherein die hochschießenden Erwartungen. Denn es konnte kein Zweifel bestehen, dass jede Unterdrückung, jede Verhöhnung der minimalsten Grund- und Menschenrechte, scheinheilig legitimiert durch eine jeweils ehrwürdige Tradition, in jedem Fall die Macht- und Bereicherungsgelüste einer Diktatorenclique besser befriedigte als einigermaßen demokratische Zustände, die auch darauf achteten, dass für alle ein zumindest kleiner Wohlstand möglich wurde.

Die Realisten hatten recht, doch sie zogen zu wenig in Betracht, dass die *Abwendungsblockade* aufgrund Globalisierung und Vernetzung sogar unter den liberal geschulten Völkern eine Art Engführungs- und Abkapselungslust erzeugte. Je weiter die Räume des Menschlichen durch das zunehmende Fiktivwerden von inneren Grenzen wurden, umso stärker wurde auch das Gefühl, sich durch äußere Grenzen und durch die Betonung des „Erbes der Väter" vor der Auflösung der eigenen Identität schützen zu müssen.

Diese Identität war und ist natürlich eine Fiktion, die von denen, die von ihr zu profitieren glauben, genährt wird. Nach dem Zerfall Jugoslawiens reiste der große österreichische Dichter Peter Handke gerne in seinen einstigen „Traumkontinent", um dort unter anderem die „andersgelben Nudelnester", Spezialitäten der serbischen Küche, zu rühmen. Solches Verhalten war nicht untypisch für eine Globalisierungskritik, die bis ins vereinte Europa, die Europäische Union, hinunterreichte. Vom Hauptsitz der angeblichen Gleichmacherbrigaden, Brüssel, gingen stoßweise die Angriffe gegen lokale Identitätsmarker aus, und sei es nur, dass man den Buschenschanken, den Kleinwirten in der südsteirischen Weingegend, anbefahl, Wurst und Käse aus hygienischen Gründen nicht im selben Raum zu produzieren.

Es waren oft bloß kleine Auslöser, welche die Brüsseler EU-Bürokratie unbedacht wirksam werden ließ, die denen zuarbeiteten, welche dem *Paradox der Befreiung durch Abkapselung* das Wort redeten. Unmöglich, sich von der weltweiten Vernetzung des Menschlichen abzuwenden, oder? Unmöglich, gegen den Strom der Zeit, der alle Medien der Zivilisation erfasst hatte, anzuschwimmen! Nun, so die Botschaft der Neonationalisten, hier musste erst recht eine Geste der Abwendung gesetzt werden: Man wollte wieder bei sich selbst sein, nicht immer nur selbst sein dadurch, dass man bei und mit den anderen war. Man musste „das Eigene" wiederentdecken, rundum fördern, und falls das bedeutete, sich von der Menschheit abzuwenden, um dem Ureigen-Volkshaften, wie es aus der Tiefe der Zeiten lockte, einen absoluten Primat einzuräumen – dann sollte es so sein. Zum Teufel mit der Gesichtslosigkeit eines Weltethos, einer Weltzivilisation, gar eines elektronisch und ökonomisch basierten Weltstaates!

Der Mensch ist nicht nur ein Gewohnheitstier, das der Devise folgen möchte: Immer wieder dasselbe und am besten nichts Neues … Er ist darüber hinaus ein Fluchttier. Vor dem Angreifer möchte er sich verstecken und im Falle der Entdeckung fliehen können: Auf und davon! Beide Grundtendenzen des Menschen werden durch die globale Vernetzung, die einen bisher nie dagewesenen Zustand der Sichtbarmachung des Eigenen zur Folge hat, konterkariert. Das Eigene wird zunehmend regional und damit der Eingemeindung in ein größeres Ganzes überantwortet; zugleich wird es unmöglich, diesem Prozess oder Scheinprozess der inneren Auflösung zu entgehen. Will unsere Epoche ihren Frieden bewahren, der ohnehin immer fragwürdiger und brüchiger zu werden beginnt, dann muss eine *zivilisierte Kultur der Abwendung* befördert werden.

Auf den ersten Blick erscheint diese Forderung als paradox. Denn sie klingt, als ob bei kollektiven Konflikten und individuellen Aversionen der Prinzipienuniversalismus, wie er sich in den Grund- und Menschenrechten des Westens zumindest der Tendenz nach als verbindliche Basis des Zusammenlebens verfestigt hat, wieder zurückgenommen werden sollte. Doch das kann keine Option sein. Denn es ist ebenjener Universalismus, der erst die Bedingung dafür schafft, dass Individualisierung ohne Herabwürdigung oder Verletzung der jeweils anderen Individuen überhaupt möglich wird. Wer sich dieser Grundlage verweigert – der Forderung nach gleicher Würde und Freiheit für alle –, befindet sich schon auf dem Kriegspfad.

***

Die Einteilung der Menschen in Würdige und weniger Würdige, in Freie und weniger Freie schafft ein System der Ungleichheit, Unfreiheit und letzten Endes durchgreifenden Ungerechtigkeit, kurz: ein Unrechtssystem, in dem die einen über die anderen herrschen. Und totalitäre Herrschaft bedeutet immer auch, *den Abwendungsspielraum des Unterlegenen zu verringern.*

Solange Systeme der Unfreiheit und Würdelosstellung die Zuwendungs- und Verteilungsbereitschaft einschränken und dadurch oft ein Heer der Minderprivilegierten und Armen erzeugen, die zusätzlich ausgebeutet werden, spielt die Frage, wie man eine Kultur der Abwendung pflegen könnte, kaum eine thematische Rolle. Zuerst müssen jene Prinzipien rechtlich festgeschrieben sein, welche aus der natürlichen Gleichheit aller Menschen, verankert in deren Grundbedürfnissen, folgen. Erst dann wird die Frage dringlich, wie man der Drift zur Gleichschaltung, welche die Individualität auszulöschen droht, entgegenwirken könnte.

Denn wenn auf diese Frage keine befriedigende Antwort gegeben wird, treten sowohl innergesellschaftlich als auch nach außen hin die bekannten Phänomene der Aversion gegen alle und jedes auf, was uns, die jeweils anderen, scheinbar oder tatsächlich daran hindert, ein Leben unter dem Vorzeichen der Selbstverwirklichung *innerhalb der Gemeinschaft* zu führen. Was auf der individuellen Ebene durch Konsumvermassung und monotonen Hedonismus nicht möglich scheint, soll dann – unter der Führung charismatischer Persönlichkeiten – auf der kollektiven Ebene eingelöst werden. So entstehen Gesellschaften, die sowohl nach innen als auch nach außen hin hoch aggressiv sind.

Aber ist das, so ließe sich fragen, der Kern unserer heute aufschießenden Zwistigkeiten? Sind diese nicht dadurch bedingt, dass wir uns im Inneren wie im Äußeren gegen die Anmutungen von Kräften und Strömungen verteidigen müssen, die *unsere* Kultur ablehnen, sich nicht in unser Prinzipiengefüge integrieren lassen und uns im Extrem mit Gewalttaten überziehen? Ein Blick auf den schriftkonservativen Islam genügt, um zu bemerken, dass er die westliche Toleranz zu nützen sucht, um – häufig angeleitet durch Hassprediger und ausländische Agitatoren – gegen unsere demokratische Fasson des Miteinanders zu mobilisieren. Stimmt diese Diagnose, dann steht zu erwarten, dass die heranwachsenden Generationen, die sich der islamischen Gefühls- und Denkwelt verpflichtet fühlen, den Kampf gegen unsere Kultur, die ihre Eltern und Großeltern einst aufnahm, für notwendig erachten werden.

Darauf lässt sich ehrlicherweise nur antworten: Wir wissen heute nicht, in welche Richtung der Islam von Morgen gehen und ob er etwa dazu neigen wird, dauerhaft bei einem antiwestlichen, antichristlichen, antidemokratischen Islamismus und damit beim politischen Islam zu enden. Doch was uns heute immerhin möglich scheint, sollten wir durch eigene Ab- und Ausgrenzungsstrategien nicht auch noch befördern, sodass unsere Heimatschützer am Ende immer mehr recht zu haben scheinen, wenn sie die drohende Gefahr einer Überfremdung und schließlich Aushöhlung bis Auslöschung unseres individualistischen Lebensstils an die Wand malen.

Stattdessen sollten wir lernen, nicht immerfort an allem, was uns fremd anmutet, obwohl es doch ein Teil unserer Gesellschaft sein möchte, Anstoß zu nehmen. Vom Aussehen über die Kleidung bis zur Gebetshaltung wird alles und jedes bemängelt, wird zum Gegenstand eines kaum noch unterdrückten Abscheus. Gesetze werden geschmiedet, die nicht der Integration dienen, sondern vor allem dazu angetan sind, die Selbstachtung der muslimischen Gemeinschaft zu untergraben.

Wir haben mittlerweile ein Heer von Experten dafür, in jede Sure des Korans hineinzuhorchen; und immer schallt daraus dem Lauschenden Antiwestliches, Antichristliches entgegen. Da wird nun der Finger daraufgelegt, so soll es nicht sein, so darf es nicht sein. Kein Zweifel, wir werden uns nicht bekehren lassen, höchstens einige von uns, die sogar, falls gerade passend, in den heiligen Krieg ziehen. Aber muss dies zur Folge haben, dass wir uns in eine Endlosdiskussion verstricken, aus der, obwohl angeblich ökumenisch gesinnt, keiner der Beteiligten unbeschädigt hervorgeht? Statt einander verstehen zu lernen, hat man gelernt, wie man seinen Abscheu vor den Ansichten des anderen am besten verbirgt (durch Lächeln und Schöntun und eine Rhetorik der vorgetäuschten Milde).

Dabei wäre es an einem bestimmten Punkt – dem nämlich, an dem die ökumenische Haltung in Langeweile und Widerwillen umschlägt – hilfreich, wenn man sich höflich trennen, „umdrehen und weggehen" könnte. Der andere wird merken, dass wir ihm nichts Böses, ihn in seiner Selbstachtung nicht beschädigen wollen, aber auch nicht willens sind, uns bekehren zu lassen. Wir müssen dem anderen unsererseits jedoch zugestehen, dass er günstigenfalls ähnlich wie wir denken und handeln wird. Wir bleiben auf Distanz zueinander, gehen aber freundlich aufeinander zu und, wo wir keinen Konsens finden, ebenso freundlich aneinander vorbei.

Um diese Haltung befestigen zu können, bedarf es innerer Freiheitsräume, denen eine äußere Freiheit im friedlichen Umgang miteinander korrespondieren muss. Kürzlich saß in meiner Vorlesung zur Religionsphilosophie ein muslimischer Religionslehrer, der auf die Frage aus dem studentischen Auditorium, warum Moslems bei den Sprechtagen an den Schulen dem weiblichen Lehrpersonal nicht die Hand geben, prompt antwortete, dies sei ein Akt der Achtung gegenüber der Frau. Ich muss gestehen, diese Interpretation eines hierorts oft als aggressiv, weil als frauenfeindlich empfundenen Aktes kam mir nicht ganz geheuer vor. Der muslimische Religionslehrer versicherte mir aber, es handle sich hierbei um ein Gebot, das dem Koran zu entnehmen sei.

Ohne es auszusprechen, einigten wir beide uns darauf, dass wir nicht weiter aufeinander eindringen, keinen unbehaglichen Diskurs führen sollten, der womöglich mit schlechten Gefühlen enden würde. Jener Religionslehrer besucht meine Vorlesung nicht mehr, er hatte die Möglichkeit, sich aus dem inquisitorischen Umfeld meiner Vorlesungsstudenten wegzubegeben; und mir war es nur recht, dass ich nicht weiter gezwungen war, mich nach Wahrheiten zu erkundigen, die uns beide nicht weitergeholfen hätten in unserem Bemühen, einander wohlwollend zu begegnen.

Menschen sind wahrheitsstrebige Wesen, die ihr Wahrheitsstreben modulieren können. Nicht immer sollte das Ziel sein, die Wahrheit aufzudecken, schon gar nicht die „Wahrheit" zwischenmenschlicher Verhältnisse. Auch wenn sich die Wahrheit auf Dauer kaum jemals verleugnen lässt, darf sie unter friedliebenden Menschen nicht zur Obsession werden und sollte keinesfalls dazu führen, dass es uns niemals mehr freisteht, uns „umzudrehen und wegzugehen“, einfach loszulassen. Manchmal sind eben vernebelte Aus- und Ansichten die besseren Führer durch das Gelände menschlicher Fixierungen, Irrungen und Wirrungen.

Die Kopftuchdebatte

Es gibt die chronische Kopftuchdebatte. Wir haben uns da, könnte man sagen, hineinverbissen. Verbote sind gesetzlich festgeschrieben worden. Kein Kopftuch im Kindergarten, in der Elementarschule, bis zum 14. Lebensjahr! Kein Kopftuch beim Lehrpersonal!

Ich bin mir im Moment gar nicht sicher, ob diese Verbote schon alles umfassen, was unseren Volksvertreterinnen und Volksvertretern an der islamischen Verhüllung des weiblichen Kopfhaares ein Dorn im Auge ist. Ich sage das so offen heraus – und werfe erst gar keinen Blick ins Internet –, um meine Einstellung kenntlich zu machen: Ich habe mich, was diese Frage betrifft, bereits vor Langem „umgedreht“ und bin „weggegangen“, innerlich, mental, moralisch, sozial.

Und dabei ist mir klar, dass eine solche Einstellung, strenggenommen, als unhaltbar erscheint. Denn ich rede ja nicht vom Kopftuch, das die Frauen hierorts in meiner Kindheit trugen. Das war „etwas anderes“, wie mir jeder Sozialhistoriker leicht auseinandersetzen wird. Schließlich tragen die Bäuerinnen bei uns häufig noch Kopftücher, in anderen christlichen Ländern tun es die Frauen aus dem „einfachen Volk", wenn sie in die Kirche zur heiligen Messe gehen. Sie bedecken ihr Haar. So macht man das eben und es ist in jedem Fall ein Ausdruck von Ehrerbietung, Devotion – ein Umstand, der den Unverständigen seltsam anmutet, weil es ja der Fall ist, dass die Männer aus demselben Grund ihre Kopfbedeckung abnehmen und das Haupt senken.

Ich habe den Eifer und die harten Blicke rund um das Thema „Hidschāb" erlebt, und war selbst nicht davor gefeit, vom „Prinzipiellen" der Sache zu reden. Ich habe Musliminnen getroffen, die das Kopftuch trugen, weil sie jede andere Ausgehformalität – etwa die westliche, das Haar offen zu tragen – unangenehm berührt hätte, ungefähr so, wie man sich hierorts unangenehm berührt fühlt, wenn man darauf aufmerksam gemacht wird, dass man mit einem „Toilettenfehler" durch die Gegend spaziert. Und ich habe von anderen Musliminnen, die das Kopftuch längst abgelegt hatten, gehört, dass dieser „Fetzen Stoff" ein Symbol für die Minderwertigkeit der Frau im Islam sei.

Die Frauenrechtlerin Alice Schwarzer, die meine Hochachtung genießt, und die allermeisten westlichen

Feministinnen werden nicht müde, in unzähligen öffentlichen Diskussionen genau diesen Punkt herauszustreichen, und zwar, indem sie das Kopftuch als Teil eines umfassenden Systems der Unterdrückung der Frau geißeln. Es handelt sich demnach um eine Unterdrückung, die von Kleidervorschriften, Häuslichkeitsregeln bis zum blanken juristischen Status reicht, der die Ungleichheit von Männern und Frauen zugunsten Ersterer – was sonst? – festschreibt. Ist es da, noch einmal gefragt, wirklich recht und billig, wenn sich einer – ich – aus der Sache herauszuhalten sucht, mit einem Wort: loslässt, sich lieber „umdreht und weggeht", weg aus der Kampfzone, als den moralischen Standpunkt hervorkehrt und sich entsprechend engagiert?

Nun, ich will nicht sagen, dass ich mir sicher wäre, das Richtige zu tun; und vor allem will ich nicht behaupten, dass meine Abwendung von den hitzigen Kopftuchdebatten in Österreich für alle Länder und Situationen angemessen oder ethisch vertretbar wäre. Wir haben hier, in Österreich und vergleichbar liberalen Ländern, keine Sittenpolizei, wie sie das Kalifat kennt; wir haben überhaupt keine Sittenpolizei. Trotzdem gibt es im muslimischen Lebensbereich auch hierorts eine gewisse, teilweise massive Unterdrückung und Ungleichbehandlung von Menschen weiblichen Geschlechts, allerdings keine, die öffentlich gutgeheißen würde, im Gegenteil.

Der überwiegende, ja überwältigende Mehrheitswille der Bevölkerung optiert für die Gleichheit der Geschlechter in allen sozialen und intimen Belangen, und unsere Verfassung verpflichtet den Staat zur Beachtung und Durchsetzung des Gleichheitsgrundsatzes. Sollen wir also die Zeichen, welche der Islam setzt, um die Ungleichheit der Geschlechter sichtbar zu machen, zum Anlass nicht nur für moralische Ablehnung, sondern darüber hinaus für gesetzliche Verbote nehmen? Nach vielen Jahren eines sich zunehmend verschärfenden „Diskurses" zwischen uns und unseren islamischen Mitbürgern – eines Diskurses, der in zunehmender Verhärtung *und* zunehmender Verweigerung besteht – finde ich es mit Vorbehalt angebracht, die Kampfzone einfach zu verlassen.

Ich sage „einfach", weil es in unserem Land keine Schwierigkeiten bereitet, die Dinge *laufen zu lassen*. Man wird sich auf einen gegenseitigen *Respekt aus der Distanz* einigen können – einen Respekt, der nicht invasiv, also so geartet ist, dass beide Seiten in einer Anklage-Verteidigungs-Haltung erstarren, bis sie gegeneinander unauslöschliche Ressentiments hegen.

Aber sollte ich – und ich setze mich hier pars pro toto für alle ehrlich Besorgten – nicht publizistisch darauf pochen, dass die Gleichstellung von Mann und Frau zu den verfassungsmäßig geforderten, öffentlich sichtbar zu machenden Grundsätzen unseres Zusammenlebens gehört? Ich bin mir unsicher. Wir leben in einer demokratischen, liberalen Atmosphäre, die es gestattet, dass Musliminnen, zumal gebildete, selbst das Wort ergreifen. Diese benötigen meinen Gesinnungseifer nicht, oder? Zumal unter unserem Verfassungsdach auch die völkerrechtlich bindende Treue zum katholischen Konkordat Platz hat, was prinzipiell eine Einschränkung der Trennung von Kirche und Staat bedeutet …

Wenn wir uns in die Lage der Gegenseite versetzen, dann wird unser ethischer Rigorismus fragwürdig und die Prinzipienlage kompliziert, so wie sie kompliziert wird, sobald wir an das Konkordat denken. Es gibt Grautöne, Zwischenstufen, Uneindeutigkeiten, Mehrdeutigkeiten – und es gibt vor allem keine glasklaren Grenzen. Solche werden lauthals von denen veranschlagt, die eine unliebsame religiöse oder ethnische

Gruppe gerne ihrer Selbstachtung berauben oder gar loswerden möchten.

Warum sind wir unterdessen so wenig in der Lage, kulturell kontroversielle Dinge bis zu einem gewissen Grad nicht einfach „laufen“ zu lassen – aus Lebenserfahrung, aus geschichtlicher Belehrtheit, aus dem Willen zur friedlichen Koexistenz? Überall müssen wir uns beckmessernd einmischen, weil es immer einen guten Grund zu geben scheint, die „Anderen“ ihr Leben nicht in Ruhe und nach ihrer eigenen Fasson leben zu lassen, einschließlich der Lösung ihrer eigenen sozialen, familiären, religiösen Probleme. Unsere Besorgnis gründet in einem *Abwehrideal der sozialen Verdichtung* – Stichwort: unsere abendländische Kultur und deren Feinde. Dahinter steckt wohl Überfremdungsangst. Grob gesagt: Wir imaginieren und befürchten, dass uns der Islam bereits im Nacken sitzt und Schritt für Schritt „zersetzt“ …

Die Verdichtungsfantasie ist großteils – wenn auch nicht ausschließlich – ein reaktionäres Gespenst. Denn multikulturelle Gesellschaften haben gelernt, Distanzen der Nichteinmischung zwischen den verschiedenen Volks- und Glaubensgruppen zu schaffen; Distanzen, die freilich dort kollabieren, wo in Kindergärten und Elementarschulen tatsächlich „verdichtet“ wird. Doch das sind Probleme, die sich durch Kopftuchverbote ohnehin nicht lösen lassen (sie bedürfen anderer Regelungen, effektiv sanktionsbewehrter Hausordnungen gegen ethnisches Mobbing und Geschlechtergewalt). Also warum sollte ich mich nicht einfach „umdrehen und weggehen“, wenn im Fernsehen, in einer Zeitung oder sonst wo über diesen Stoff des Anstoßes „diskutiert“ wird …?

Zur Kunst des Miteinander-Auskommens gehört, dass man es irgendwann genug sein lässt. Und in der Frage des islamischen Lebensstils – notabene des Kopftuchgebrauchs –, der sich zum allergrößten Teil außerhalb des Drohbereichs möglicher Gewalttaten bewegt, ist meines Erachtens schon längst der Punkt erreicht, um „es genug sein zu lassen“. Unsere Politiker hingegen geben akkurat an diesem Punkt vor, streng prinzipiengeleitet zu denken. Und dabei sind nicht wenige unter ihnen Populisten, welche rechtsethische Prinzipien als Instrumente der Stimmungsmache missbrauchen, um so die Diskriminierung unliebsamer Gruppen zu rechtfertigen und sich dafür von der Mehrheit des Wahlvolkes beklatschen zu lassen.

Die hohe Schule der Hindernisse

Für uns selbst nehmen wir in Anspruch, Grenzen zu überschreiten, von einem Ort zu einem anderen Ort überzuwechseln. Wir sind keine Gefangenen, wollen zumindest keine sein, und legen größten Wert darauf, volatil zu bleiben. Darin gründet unsere Freiheit. Es gehört zum Typus des „Anderen" – zum Typus desjenigen, der wir *nicht* sind, nicht sein wollen –, dass wir ihn als jenen denken, der dort bleiben soll, wo er ist. Er gehört nicht hierher, er gehört nicht zu uns.

Während wir darauf beharren, uns „umdrehen und weggehen" zu dürfen, sollen die „Anderen", die weg wollen von dort, wo ihr Leben in Gefahr und jedenfalls elend ist – weg von all dem, was sie zu leben und erleben gezwungen sind –, nicht einfach weggehen dürfen.

Wo sie sind, dort sollen sie auch bleiben!

Sie könnten sich ja in unsere Richtung bewegen, und davon werden wir sie abzuhalten wissen …

Unser Platz ist schon besetzt – und zwar von uns selbst.

Wenn wir so denken und reden, merken wir vielleicht nicht, dass wir das Thema „Menschheit" traktieren. Denn in ihrer bisherigen Geschichte waren die Menschen, was immer sie sonst noch trennen mochte, durch den eigentümlichen Glauben beflügelt, dass ihre Freiheit darin liege, sich frei bewegen zu können, über Grenzen, Mauern und Schwellen hinweg, während sie zugleich davon überzeugt waren, dass Grenzen, Mauern und Schwellen – kurz: Hindernisse aller Art – notwendig sind, um Eindringlinge abzuwehren: all jene, die nicht zu „uns" gehörten. Wir definierten uns die längste Zeit über diejenigen, die nicht wir waren, und forderten, dass diese anderen in ihrer Bewegungsfreiheit eingeschränkt sein sollten, zumindest insofern, als sich ihre Abwendung von ihrem eigenen Ort (falls sie überhaupt einen solchen Ort hatten) nicht in unsere Richtung, auf unseren Ort zu, führen durfte.

Dabei kam uns nicht in den Sinn, dass wir durch eine derartige Grundforderung, die aus den anderen erst „Andere" werden ließ, uns selbst fixierten. Das war und ist das Freund-Feind-Dilemma. Um unsere eigene Freiheit zu bewahren, glaubten wir, stets darauf achten zu müssen, die anderen – „Anderen" – daran zu hindern, nicht in unseren Freiheitsraum einzudringen, den wir gerne „Heimat", „Staat", „Nation" nannten und nennen.

Aber aus dieser Asymmetrie erwuchs uns der Zwang, die, welche nicht zu uns gehörten, niemals aus den Augen zu verlieren, wir imaginierten sie als eine uns ständig bedrohende Gefahr. Dadurch wurde, im Gegenzug, unsere eigene Freiheit radikal eingeschränkt. Wir durften den anderen nicht den Rücken kehren, es wäre uns als selbstmörderisch erschienen, sie einfach in Ruhe zu lassen. Wir manövrierten uns in die Lage, uns selbst nicht einfach umdrehen und weggehen zu können, nicht zuletzt deshalb, weil die Abwehr der anderen erforderte, dass wir uns selbst mit Mauern, Zäunen, Burgfesten und Raketensilos umgaben. Und es gilt natürlich sofort einzuräumen, dass die Menschheitsgeschichte, realistisch betrachtet, eine ständige Abfolge von mörderischen Eroberungskriegen war. Jeder war jedem ein potenziell „Anderer“ und als solcher zugleich ein Todfeind.

Unsere Idealvorstellung einer befriedeten Menschheit wird oft als die Vision des globalen Netzwerkes vorgestellt. Doch ich bin mir keineswegs sicher, ob dabei nicht auf die falsche Metapher gesetzt wird. Das globale Netzwerk bindet uns alle zusammen, nicht auf die brutale Art, als Menschheitsbündel, sondern in der Art und Weise, dass niemand mehr all den anderen „digital entkommen“

kann, weil ja alle irgendwie miteinander verbunden sind, und zwar auf jene weitläufig ausweglose Weise, die große Netzwerke kennzeichnet. In jedem Menschheitsideal müsste demnach die Möglichkeit mitbedacht werden, dass es eine Grundforderung der individuellen Freiheit ist, sich umdrehen und weggehen zu können – *auch in Form der Abwendung von der Inklusion in ein globales Netzwerk*. Davon ist heute viel zu wenig die Rede, während wir Schutzvorrichtungen, elektronische Hindernisse mannigfacher Komplexität errichten, um unsere „Privatsphäre" (die ohnehin schon längst zum größten Teil ein Mythos ist) in ihrem Kern aufrechtzuerhalten.

Doch da unser Menschheitsideal eines ist, das zurzeit als Gutmenschenutopie verspottet wird, ist es immerhin angebracht, die vielfach beschworene Funktion von Hindernissen zur Abwehr invasiver Kräfte und Mächte zu bedenken. Wenn heute von „Grenzen" die Rede ist, dann befinden wir uns in einem Ideenfeld, das wenig friedlich wirkt – eher wirkt das Ideenfeld wie ein Minenfeld. Der Grund für diesen Umstand ist uns allen bekannt. Seit Jahren ist in der Öffentlichkeit kaum noch von Grenzöffnungen die Rede, weil jede Öffnung bedeutet, dass durch sie das Unheil einsickern könnte. Den amerikanischen

Präsidenten bewegt im Frühjahr 2018 entschieden die Sorge um die US-Grenze nach Mexiko. Der Präsident will die Grenze, die ohnehin schon mit Stacheldraht und Soldaten martialisch bestückt wurde, durch eine Mauer sichern lassen, deren Bau Milliarden an Dollars verschlingen würde, was dem politischen Gegner, in diesem Fall den Demokraten, gerade rechtkommt; sie sind dagegen, und diese Widersetzlichkeit bewegt den Präsidenten wiederum, den nationalen Notstand auszurufen.

Falls es in solch ideologisch erhitzten Fragen eine Wahrheit gibt, dann lautet sie: Es gibt überhaupt keinen Notstand. Auch der Notstand in Europa, der durch die Infiltration der Gotteskrieger des Propheten und seiner Scharia-treuen Anhängerschaft gegeben sein soll, ist eine Art Gespenst. Da und dort ein Anschlag mit einigen Toten reicht bereits aus, damit sich der Westen als Ganzes bedroht fühlt, umzingelt, fast schon am Rande der Umwandlung in einen Gottesstaat (eine Pseudobedrohung, die wohl zu unterscheiden ist von einem Zustand, wie er sich in Sri Lanka am Ostersonntag 2019 mit Hunderten Terrortoten darstellte).

Dazu, und im Zusammenhang damit, kommen die weltweit, besonders aber auch in Europa, aufflammenden neuen Nationalismen mehr und mehr ans politische Ruder, alte Verträge des einigermaßen gedeihlichen Miteinanders werden aufgelöst, die Menschenrechte infrage gestellt. Carl Schmitt, der ultrakonservative, antisemitische Staatsrechtler, „Kronjurist Hitlers", erlebt zurzeit eine Renaissance. Er war es, der alles politische Geschehen entlang einer Konfliktachse analysierte, die als „Feind-Freund-Schema" schon aus dem Tierreich bestens bekannt ist. Nur wollte eben Schmitt keine biologische Metapher, sondern die erzkatholische Spaltung in Juden und Nichtjuden ins Spiel bringen, wie sie angeblich heilsgeschichtlich grundgelegt ist. Von hier aus entwickelte er seine berühmt-berüchtigte *Politische Theologie* – zuerst 1922 publiziert –, derzufolge nichts naiver und noch dazu gefährlicher sei als die Vorstellung der Menschheit als eines Solidarsubjekts.

Ein solches „Subjekt" würde ja, im Sinne des globalen Humanismus, auf die Überwindung von Grenzziehungen dringen und damit auch der Transzendierung all jener unseligen Freund-Feind-Konstellationen, welche die Menschheitsgeschichte hindurch zu mörderischen Kollektivhandlungen führten. Oswald Spengler – der wie viele Intellektuelle im Präfaschismus der Zwischenkriegszeit weder demokratisch noch humanistisch geprägt war –

fasste daher seinen weltgeschichtlichen Rundblick in die griffige Formel „Menschengeschichte ist Kriegsgeschichte“, während er den zugegebenermaßen nicht sonderlich effektiven Völkerbund seiner Zeit als „Sommerfrischlerverein“ abfertigte.

Der Grenzbegriff, so verstanden, hat für unsere Ohren – die Ohren liberaler Demokraten – keinen guten Klang. Er klingt nach Exklusion, Ab- und Ausschließung. Der exkludierende Grenzbegriff, noch dazu in seiner Bedingtheit durch irrationale Ängste vor dem andrängenden Fremden, ist jedoch nur eine – wenn auch besonders aggressive, unbelehrbare – Variante der Regulation von Innen und Außen. Um diesen Punkt ohne ideologische Verzerrung herauszuarbeiten, scheint es geboten, zwischen einem natürlichen und einem kulturellen Begriff der Grenze zu unterscheiden. Die Grenze als Lebensphänomen ist ja beileibe keine Erfindung düsterer Reaktionäre oder eroberungslüsterner Machiavellisten. Gäbe es keine Grenzen, so gäbe es kein Leben im Universum und auf unserer Erde. Das ist trivial.

Jeder lebende Organismus muss sich, um überhaupt leben zu können – vom Überleben in einem evolutionär erheblichen Sinn ist noch gar nicht die Rede –, zu seiner

Umgebung hin abgrenzen. Ansonsten würde er erst gar nicht entstehen, und wäre er doch auf irgendeine wundersame Weise zustande gekommen, würde er sich sofort wieder in seiner Umgebung verlieren, unter Auflösung seiner internen Ordnung und Funktionsweise. Er würde entweder umgewandelt zu einem neuen, sich gegen seine Umgebung abgrenzenden Ordnungsgefüge oder in die Entropie entgleiten, das heißt, in einen Zustand zunehmender Unordnung.

Schon von einem laienhaften Standpunkt aus ist die menschliche Haut, die den Körper überspannt, jene Schutzschicht, die auf sichtbare Weise jedes Individuum der Gattung Homo sapiens von seiner Umwelt abgrenzt. Über unsere Haut werden sowohl herandrängende Moleküle abgewehrt als auch Nahrungsstoffe aufgenommen. Der Mensch ist, als Organismus, ein multifunktionales Grenzphänomen höchst komplexer Art. Den chemischen Reizen, die von außen an unsere Sinne herangetragen und an unser Gehirn weitergeleitet werden, ferner den Nahrungsstoffen, welche den Aufbau unserer Zellen ermöglichen, stehen die Ausscheidungserfordernisse gegenüber, deren Nichtbeachtung zum Absterben unseres Körpers führen müsste.

Alle diese Vorgänge lassen sich als *natürlicher Grenzverkehr* verstehen, wobei hier schon der Begriff des Schwellenwertes eine wichtige Rolle spielt. Die Schwellen sind physikalischer und chemischer Art, werden sie über- oder unterschritten, erkrankt der Körper, ebenso wenn es nicht gelingt, überlebensnotwendige Substanzen aus der Außenwelt aufzunehmen.

Daneben gibt es alle Arten natürlicher Grenzen, von denen manche absolut sind – so zum Beispiel jene Höchst- oder Tieftemperaturen, die das Überleben einer Spezies gerade noch ermöglichen, wobei es außerordentliche Formen des Lebens gibt, die, vom menschlichen Standpunkt aus betrachtet, noch unter extremsten Bedingungen existieren können. Einer der spektakulärsten Überlebenskünstler ist das winzige Bärtierchen, welches die Fähigkeit besitzt, in einem todesähnlichen Zustand, praktisch ohne Stoffwechselprozesse, eine lange Zeit zu überdauern; es ist im Himalaja-Gebirge auf etwa 6000 Metern Höhe nachweisbar und am Boden des Indischen Ozeans bei 4700 Tiefenmetern.

Ferner: Wenn wir uns vorstellen – was dem heutigen Wissensstand einigermaßen entspricht –, dass in unserem sich immer rascher ausdehnenden Universum der zweite

Hauptsatz der Thermodynamik Gültigkeit besitzt, dann ist im globalen Maßstab eine ständige Erhöhung der Entropie, das heißt ein stetiger Abbau von geordneten Strukturen im Mikro- und Makrobereich, unvermeidlich. Geht man davon aus, dass alle Ordnungen, von der atomaren Ebene bis zu den Galaxien, ohne natürliche Grenzen nicht bestehen können, bedeutet ein zunehmender Grenzverlust im Universum, dass dessen Ende der sogenannte Kälte- oder Wärmetod ist – ein Zustand, in dem die Gleichverteilung der Materie und Energie einen Maximalwert erreicht hat.

Wir sollten uns also dessen bewusst sein, dass es eine Vielfalt von Tatsachen gibt, die für das Universum und das Leben in ihm unentbehrlich sind und die wir, indem wir auf diese Tatsachen Begriffe anwenden und reflektieren, als „Grenzen" bezeichnen würden. Die Grenze gehört zur Konstitution der Welt; dazu gehören aber auch die komplementären Vorgänge: Entgrenzung, Durchlässigkeit, Einschließung (Inklusion), ebenfalls die verschiedenen Arten von Schwellen und Übergängen.

Wenn nun aber von all diesen Tatsachen und Dynamiken im kulturellen und speziell politischen Bereich die Rede ist, so sollte man sich zweier Aspekte stets bewusst sein. Erstens, seitdem es eine Welt gibt, gibt es beides – Grenze und Entgrenzung, das hat mit Ideologie zunächst gar nichts zu tun. Doch zweitens, überall wo Menschen beginnen, Kulturen zu errichten und sich in ihren kulturell geprägten Umgebungen einzurichten, ändert sich die Situation insofern grundlegend, als nun ein neuartiges Gestaltungselement hinzutritt. Dieses neue Element, das für jede Kultur fundamental ist, besteht aus einem Willen, der in relativer Freiheit seine Umgebung formen kann, und zwar am Leitfaden von Ideen, die davon handeln, wie die soziale Welt beschaffen sein *sollte*.

Zur Idee der Grenze tritt eine Bedeutung hinzu, die nicht aus den Naturprozessen an sich stammt, sondern aus unseren Vorstellungen darüber, wer wir sind, wie wir leben und uns gegenüber anderen, nicht unserer eigenen Kultur angehörigen Menschen verhalten möchten. Wie gravierend und tiefreichend der kulturelle Einschnitt in das natürliche Gewebe der Welt ist, merkt man am besten dort, wo die Kultur sich gegen die Natur formiert. Ja, es ließe sich sogar sagen: Nur dort, wo sich unser Leben seiner reflexionslosen Einbettung in die Evolution entgegensetzt – dort erst beginnt das Gebiet der Kultur.

Schwellen und Übergänge

Es ist unbestritten, dass der evolutionäre Prozess voranschreitet und immer höhere Ordnungen des Seins und Lebens bildet, indem sich in ihm verwirklicht, was wir das „Recht des Stärkeren" nennen. Die lebende Natur hat für den Schwachen nichts übrig, sie tilgt ihn aus, sei es, dass er eine nicht lebensfähige Mutation repräsentiert, sei es, dass sich die Umweltbedingungen in einer ungünstigen Weise ändern, sodass sich die Individuen nicht mehr an die neue Situation anpassen können; oder sei es, dass die Vermehrungsrate von Revierrivalen eine größere ist und daher ein Prozess der Verdrängung stattfindet.

Es gehört nun aber zu den kulturellen Basalfunktionen, dass diese Grenzen der Überlebensfähigkeit durch soziale Techniken gelockert und aufgelöst werden. Auch die Schwachen, zumindest jene, die wir zu den „Unsrigen" zählen, haben ein Überlebensrecht. Dieses wird zunächst eng beschnitten sein, später, im Prozess der Zivilisation, wird es zu einer Verpflichtung des Staates werden, unverschuldete Schwächen zu kompensieren und so auch den, vom Durchschnitt aus betrachtet, geistig oder körperlich Benachteiligten eine gewisse Chancengleichheit mit Bezug auf die Einrichtung eines zufriedenstellenden oder zumindest erträglichen Lebens zu ermöglichen.

Kurz gesagt, die natürliche Gesetzlichkeit wird durch eine zusehends humanere Ethik im kulturellen Bereich ausgehebelt. Heute können wir uns kaum Schlimmeres vorstellen als eine Gesellschaft, deren innere und äußere Grenzen, deren Sitten und Gebräuche sich nach dem natürlichen Recht des Stärkeren in einer unvermittelten, nicht verfeinerten oder sublimierten Form orientieren. Stärke an sich, beispielsweise körperliche Stärke, wird als vorteilshafte Eigenschaft nur in bestimmten reglementierten Formen gestattet, etwa im Bereich des Sports.

Und die Stärke, die dem Besitz von Waffen entspringt, wird durch Gesetze, Verträge und diplomatische Vorlaufbewegungen in Schach gehalten, so lange, bis es zur Entfesselung von Kriegen kommt, die schließlich alle kulturellen Hemmungen hinwegschmelzen – dann freilich, um den Menschen in den Zustand einer Wildheit und eines Elends zurückzuversetzen, die ihn noch unter die Schwelle des Animalischen absinken lässt. Wenn nichts dergleichen passiert, so kraft kultureller Leistungen, die auf dem Prinzip der Grenzsetzungen beruhen.

Auch heute noch gibt es genügend Länder und Kulturen, die sich strikt dagegen verwahren, dass alle Menschen, ob Männer oder Frauen, Erwachsene oder Kinder, In- oder Ausländer, in einem ethisch belangvollen Sinne „gleich" sind, das heißt – ohne auf inhaltliche Details einzugehen –, die gleiche unabdingbare Würde haben. Für uns Europäer und westlich geprägte, dem Humanismus und der Aufklärung verpflichtete Bürger ist es ein Zeichen von kultureller Archaik, falls der landesübliche Sittenkodex ablehnt, was wir als „universalistische Ethik" bezeichnen.

Bisweilen spricht man auch von einer Menschheitsethik oder, wie der Theologe Hans Küng, vom „Weltethos". Was immer sich hinter derart großen Begriffen verbergen mag – meist verbirgt sich dahinter eine nebulöse Form allgemeiner Prinzipien –, *ein* Aspekt ist von größter menschheitsgeschichtlicher Bedeutung: Es gibt keine normativen Grenzen zwischen verschiedenen Ethnien, zwischen Frauen und Männern, zwischen den Angehörigen unterschiedlicher Religionen. Das bedeutet, dass wir, insofern wir alle als Naturwesen dieselben Grundbedürfnisse haben, auch dieselbe Chance haben müssen, in den Genuss der gleichen Rechte zu kommen.

Man übersieht leicht, dass das Konzept der Menschenrechte in seinem Kern *ein absolutes Grenzziehungsverbot* beinhaltet. Niemand, so lautet der Gleichheitssatz unserer Verfassung, darf aufgrund seiner sozialen oder ethnischen Herkunft, seiner Religion oder seines Geschlechts gegenüber anderen benachteiligt – also diskriminiert – werden. Obwohl es sich dabei um die oberste Rechtsnormebene unseres Landes und nicht der Menschheit schlechthin handelt, so liegt ihr doch eine Ethik zugrunde, deren Prinzipien für alle Menschen gleichermaßen Gültigkeit beanspruchen. Denn ihre Verletzung – so das Argument – führe allerorten dazu, dass sich der Einzelne, aufgrund der allen Menschen gemeinsamen Sensibilität, misshandelt fühlen müsste (es sei denn, ihm sei das Wesen der Moral fremd).

Gewiss, wenn wir an Grenzen denken, so kommen uns zuerst die Staatsgrenzen in den Sinn. Denn von ihnen wird innerhalb der Europäischen Union, die Hunderte Millionen Menschen umfasst, heute vor allem im Zusammenhang mit den andrängenden Asylsuchenden aus den Kriegs- und Hungerländern der Welt geredet. Ich habe keine Ahnung, wie man das Problem der Flüchtlingsströme in Richtung Europa auf eine einigermaßen humanitäre Weise lösen könnte. Die Mehrheit der europäischen Staaten präsentiert sich als aufnahmeunwillig. Wird sich Europa mehr und mehr gegen ein bedrohliches „Außen" abschotten?

Zu befürchten steht das Schlimmste, zumal wenn die neuen Möchtegern-Cäsaren, die zusehends an die Macht kommen, einen Teil ihrer paranoischen Energie dem Ausbau unüberwindbarer Grenzen widmen, immer mit dem Argument, damit dem Erhalt des eigenen Volkes zu dienen, das so rasch wie möglich so viele Kinder wie möglich gebären sollte. Während das Internet alle handfesten geopolitischen Grenzziehungen unterläuft und in weiten Teilen der Welt eine globalisierte Atmosphäre schafft, die immer weniger einer bestimmten Kultur zurechenbar ist, erzeugen undurchlässige Grenzen eine Art von Engstirnigkeit, die über längere Zeit die innergesellschaftliche Situation, und sei sie noch so nationalistisch geprägt, veröden lässt. Warum?

Der große liberale Denker John Stuart Mill hat in seinem Werk *On Liberty*, „Über die Freiheit", die Gründe dafür bereits 1859 bündig zusammengefasst. Er spricht dort über religiöse, nationale und andere Überzeugungen weltanschaulicher Art, auch solche ethischer Provenienz. Was passiert, ist seine Frage, wenn wir uns auf intolerante Weise weigern, mit anderen Meinungen produktiv in Kontakt zu treten, ihre Bedeutung *sine ira et studio* zu erfassen, ihre Gründe kennenzulernen, ihre Vor- und Nachteile möglichst objektiv zu diskutieren? Dann, so Mill, bleiben wir nicht einfach unseren Überzeugungen, unserer eigenen Kultur und Religion, unserem innersten nationalen Wesen treu. Es ist vielmehr der Fall, dass wir immerfort bloß wiederholen – sozusagen uns selbst vorsagen –, was wir zu wissen glauben und woran wir festzuhalten gedenken.

Aber eine solche Attitüde, wie sie für Fanatiker des eigenen Glaubens typisch ist, hat schwerwiegende Folgen. Nicht nur, dass wir die Vorzüge anderer Meinungen und Verhaltensweisen niemals kennenlernen (und wie dürften wir, falls wir nicht Dummköpfe oder Narren sind, von vornherein ausschließen, dass es solche gibt?). Darüber hinaus wird unser eigenes Bekenntnis, ob religiös, weltanschaulich oder national, immer mehr zu einer bedeutungslosen Art und Weise, sich selbst zu wiederholen; was einst, angeblich, eine tiefe Bedeutung hatte, wird schließlich zu versteinertem Geschwätz, das nur noch der inneren und äußeren Mobilisierung dient.

Und schließlich: Es zeugt von einem falschen Bewusstsein, wenn ohne Vorbehalt darauf bestanden wird, die eigenen Ansichten seien die einzig, die absolut wahren. Kein Mensch ist Gott, Fehler sind immer möglich, Verbesserungen jedenfalls. Doch man wird die eher verborgenen Schwächen der eigenen Position niemals kennenlernen, wenn man nicht zulässt, dass sie von einer Gegenposition und deren Gründen herausgefordert werden, um einer kritischen Prüfung standzuhalten oder eben als verbesserungswürdig erkannt zu werden.

Was also ist eine Kultur der Grenzen, von der sich sagen ließe, sie sei nicht bloß Ausdruck unserer biologischen Konstitution und unserer Neigung zum Festhalten an der Tradition – kurz: eine Kultur der Mauern –, vielmehr eine Kultur der schöpferischen, evolutiven Grenzen? Hier liegen Begriffe nahe, die uns allen wohlvertraut sind, besonders der Begriff der Schwelle und jener des Übergangs. Darunter lässt sich natürlich, der Offenheit solcher Begriffe entsprechend, mancherlei subsumieren. Es geht aber in jedem Fall darum, dass Kulturen, wenn sie gedeihen wollen, gleich lebenden

Organismen einen ständigen Austausch mit ihrer Umwelt benötigen, um sich an neue Umstände anzupassen und neues, frisches Leben einbeziehen zu können; zugleich dürfen sie jedoch nicht umstandslos offen sein gegenüber dem „Anderen", sonst würden sie sehr rasch ihrer Identität – dem, was das Selbstwertgefühl, die Selbstachtung und das Selbstwissen ihrer Teilnehmer ausmacht – verlustig gehen.

Die Folge wäre innere Unordnung, eine destruktive Form der Anarchie, welche es den asozialen Charakteren erlauben würde, an die Macht gespült zu werden. Oswald Spenglers Irrtum bestand darin, akkurat die liberale abendländische Zivilisation für untergangsreif zu halten, weil sie am Ende der Kohärenz dessen ermangelte, was er die „faustische Seele" nannte. An deren Stelle waren zivilisatorische Schwellen getreten, institutionelle und rechtliche Entschleunigungen, welche ein allzu rasches Fortschreiten in welche Richtung auch immer verhinderten, aber trotzdem den Um- und Rundblick ermöglichten, und endlich, im günstigen Fall, den Ausblick auf neue, belebende Horizonte.

Derart war es auch möglich, die multikulturelle Lage, welche alle entwickelten Nationen charakterisiert (nicht zuletzt freilich als Nachklang brutaler Kolonisierungsschübe), für die Gemeinschaft und deren Zusammenhalt fruchtbar zu machen. Die Kultur des Westens ist eine der Übergänge – oder aber sie wird von innen heraus zerfallen, noch bevor neue Usurpatoren von außen eingreifen.

Demgegenüber besteht das Wesen der kulturellen Erneuerung laut Spenglers totalitärem Ansatz darin, dass die alte Kultur absterben muss und in der Folge ein Weltbrand, von machtbesessenen Soziopathen, „großen Männern", inszeniert, die letzten Reste der Tradition auslöscht. Dann erst könne, laut Spengler, eine neue „Kulturseele" aus dem Chaos und der Verwüstung aufsteigen. Ohne dass er es wollte, hat uns Spengler in seinem *Untergang des Abendlandes* ein Szenario geliefert, welches die Folgen einer kulturellen Verhärtung und Abschließung gegenüber allem zeigt, was sonst noch auf Erden an Bedenkenswertem und Kreativem existieren mag.

Die jeweilige „Kulturseele" – ohnehin eine reaktionäre romantische Fantasie – ist derart in sich verhärtet, dass ihr das Wesen anderer Kulturen fremd bleiben muss. Es herrscht wechselseitiges Unverständnis, das irgendwann zu jenem Missverstehen führt, welches grauenhafte Gewalttaten und endlich den weltumspannenden Krieg gebiert ...

***

Und der Tod? Ist nicht er die absolute Grenze, auf die wir alle im Leben zusteuern und die sich nur mit dem stärksten Licht, dem des Glaubens, auflösen ließe? Es gibt ein Wort von Ludwig Wittgenstein, das besagt, um von einer Grenze sinnvoll reden zu können, müsse man beide Seiten der Grenze kennen. Deshalb, weil wir die andere Seite des Todes nicht kennten, sei er kein „Ereignis des Lebens“ (*Tractatus logico-philosophicus*, Nr. 6.4311).

Der wahrhaft Gläubige würde, bei aller Demut, darauf beharren, die andere Seite der Grenze immerhin erahnen zu dürfen: Es wird ein Leben nach dem Tod geben, ein Leben außerhalb von Raum und Zeit, und es wird hoffentlich ein Leben bei Gott sein. Auch wenn die Bedeutung, die solchen Hoffnungen anhaftet, niemals gelichtet werden kann, solange man noch diesseits der Grenze, im Leben, verweilt, demonstriert die Glaubenshaltung doch einen wesentlichen Punkt:

Der Sinn des Lebens erwächst daraus, dass es die Schwelle und den Übergang gibt. Jede Ethik der Abwendung wird hier ansetzen. An die Stelle der kontextlosen Abwendung tritt die Durchlässigkeit, wie sie Schwellen und Übergängen eignet. Die Abwendung ist nicht total, sie bedeutet nicht eine Abwendung von der Menschheit. Wer sich umdreht und weggeht, nimmt das Altüberkommene mit sich und führt es in eine neue Welt, transformiert es, um es auf eine höhere Ebene der Freiheit zu heben.

Freilich, damit dieses Spiel, das Spiel des Lebens, nicht ohne Richtung und Ziel bleibt, ein letzten Endes sinnloses *L'art pour l'art*, braucht es einen Horizont der Erfüllung, ja der Erlösung. Und diesen Horizont können wir nicht selbst bereitstellen. Er muss uns gnadenhalber gewährt werden.

Kapitel IV

Abwendung nach vorne

Hashtag WalkAway

In seinem bisher letzten und persönlichsten Buch, *White* (2019), beschreibt Bret Easton Ellis, der weltberühmte Autor des Skandalromans *American Psycho* (1991), die Hysterisierung der liberalen US-Kultur rund um den Wahlerfolg von Donald Trump. Ellis bekennt, dass er weder demokratisch noch republikanisch gewählt habe, während die Wellen im Internet hochgingen, als er in seiner Podcast-Sendung nicht bereit war, wütende und entsetzte Stellungnahmen gegen das neue Präsidentenungeheuer abzugeben.

Ellis ist kein Freund von Donald Trump und schon gar nicht des „Trumpismus", aber er besteht darauf, dass wegen Trump die Welt nicht untergehen wird, schon gar nicht die liberale Kultur der privilegierten Weißen, worin er, Ellis, sich als prominenter Autor und umstrittene Societypersönlichkeit bewegt. In seinen Bemerkungen macht er kein Hehl aus seinem gedämpften Abscheu vor dem, was man *Identitätspolitik* und *Inklusionskultur* nennt. Beides sind Phänomene, auf welche die amerikanischen Liberalen besonders stolz sind. Kein Zweifel, der Kampf der Schwulen und Lesben um Anerkennung (Ellis selbst ist homosexuell, ohne sich zu „outen“, aber auch ohne seine sexuelle Orientierung zu verbergen) ist zentraler Bestandteil des Programms der gebildeteren weißen Schichten. Und die schier unendliche Fortführung dieses Anerkennungskampfes gehört zur Toleranzfolklore der im engeren Sinne Kulturtreibenden.

Als verdächtig und, in schwerwiegenderen Fällen, untragbar gilt, wer sich verweigert und sich wenig „alarmiert“ zeigt, wenn beispielsweise irgendwer irgendwo irgendeinen sexistischen Witz macht. Ellis, der sich selbst als Vertreter der *Generation X* bezeichnet – das heißt, der Post-Babyboomer-Generation von etwa 1965 bis in die frühen 80er-Jahre (erinnert sei an Douglas Couplands gleichnamigen Roman von 1991) –, ist ein solcher Kampfverweigerer.

Wenn – ich paraphrasiere Ellis – das liberale Denken und Handeln darin besteht, alles, was sich davon absetzt, zu verdammen, ja verbieten zu wollen, dann wird aus der Identitätspolitik eine Haltung, die sich am Rande eines „kindischen Faschismus“ bewegt – gewiss, eine problematische Prägung, die aber die Grenze markieren soll, ab welcher das besorgte Urteil erwachsener Zeitgenossen in eine oberlehrerhafte Plage umkippt, die leicht eine blindwütig-selbstgerechte Meute mobilisiert.

Man kennt solche Vorfälle auch aus unseren Breiten. Im März 2019 hatte sich Dieter Bohlen – er ist seit Jahrzehnten ein typischer „Macher" im deutschen Musik- und Showbusiness – als Juror im TV-Spektakel *Deutschland sucht den Superstar* exemplarisch danebenbenommen. Sein Lob für eine Darbietung kleidete er in die Worte, sich „wie eine Kerze im Hintern von Elton John" gefühlt zu haben, er sei „dahingeschmolzen". Daraufhin postete Alfons Haider, der österreichische Allroundmoderator, Schauspieler und Sänger, der seit seinem Coming-out im Jahre 1997 eine Art moralapostolische Funktion in Sachen Homosexualität innehat: „Sind Sie dumm oder einfach nur ein Arschloch???"

Da diese Episode von chronischen Boulevardblättern ausgeschlachtet wurde, hätte sie möglicherweise der Fake-News-Ökonomie geschuldet sein können. Das elektronische Universum hatte jedenfalls ein prickelndes Erlebnis mehr; die „Follower" durften einen Button drücken. Das ist, folgen wir Ellis, die scheinbar verspielte, in der Konsequenz freilich strenge Kammer der Identitätspolitik. Der weiße Demokrat, stolz auf seine Toleranz, empört sich über eine dumme, freche, pöbelhafte Äußerung, er stilisiert sie womöglich zu einer Attacke gegen die „Menschlichkeit". Und der ohnehin längst integrierte „Schwule" macht aus ihr einen prinzipiellen Angriff auf die Schwulencommunity. Alle Anständigen sind demnach aufgefordert, sich mitzuempören.

Ellis schreibt: „*Geh weg, wende dich ab, lass es hinter dir. Ich gehe einfach raus. Just walk away.* Das war ein Hashtag, den ich zum ersten Mal in der letzten Juniwoche [2018] bemerkte, und er gehörte zu jungen Leuten, die Videos gedreht und auf Facebook gepostet hatten, in denen sie erklärten, warum sie die Demokratische Partei verließen. Initiator der #WalkAway-Kampagne war ein junger schwuler Schauspieler und Ex-Demokrat, den die ständige Einschüchterung, Gleichgültigkeit und Unaufrichtigkeit der Partei ernüchtert hatte …" (Ellis: *Weiß*, Köln 2019, S. 297 f.)

Die Jungen von *#WalkAway* haben, scheint es, genug von den selbstgerechten Aufforderungen an jedermann (jeden Mann), sich im Falle einer „politisch unkorrekten" Äußerung „aufrichtig" zu entschuldigen oder „die Konsequenzen" zu tragen. Der Abweichler, die Abweichlerin – so Ellis dramatisierend – bekommt keine Engagements mehr, wird aus dem Studiobetrieb gedrängt oder schlichtweg gefeuert.

Dabei gerät die #WalkAway-Kampagne, deren Durchschlagskraft sich in Grenzen hält, ihrerseits ins Kreuzfeuer der liberalen Kritik. Im TV-Sender CNN wird behauptet

– ob zu Recht oder Unrecht bleibe dahingestellt –, dass *#WalkAway* von russischen Trollen gesteuert sei („connected to Kremlin-linked Russian bots"), um Donald Trump durch die Denunziation seiner Gegner einen politischen Vorteil zu verschaffen.

Die Beispiele, die Ellis bringt, sind zwischen Drastik und Lächerlichkeit angesiedelt. Schauspielerinnen schreien öffentlich Zeter und Mordio, weil sie wegen Trump abnehmen; männliche Diven werden wegen Trump übergewichtig, so sehr nimmt sie die Sache mit. Diese Überempfindlichkeit spiegelt die postmoderne Lust an der „Selbstviktimisierung" wider, andauernd fühlt man sich als Opfer irgendwelcher unzumutbarer Zumutungen. An diesem Punkt wird Ellis schneidend: Er spricht von einer neuen Manie oder sogar Psychose, die unsere Kultur hege und pflege. Und er fügt hinzu:

„Die unaufhörlichen Vergleiche mit Hitler und den Nazis fand ich besonders widerwärtig, da mein Stiefvater, ein polnischer Jude Mitte siebzig, als Kind seine Familie im Holocaust verloren hatte."

Vor diesem Hintergrund mutet die Selbstherrlichkeit der „moralischen Unternehmer" – *moral entrepreneurs*, ein Ausdruck des Soziologen Howard Becker – regelrecht obszön an. Sie kontrollieren weite Bereiche der Überzeugungsbildung, zerstören Begabungen, Chancen, Karrieren, dabei unterstützt von Mainstreammedien, die mit der Meinungstyrannei ihrerseits ein lukratives Geschäft machen.

Unsere westlichen Gesellschaften sind an einem Punkt angelangt, wo ein gewichtiger Teil des inneren Unfriedens daher rührt, dass wir keine *Kultur der Abwendung in differenzierter Form* pflegen. Langfristig baut sich dadurch ein Unmut auf, stauen sich Gefühle des Abscheus gegenüber den jeweils „Anderen" auf, mögen dies nun Einzelpersonen (was tragisch ist) oder ganze Gruppen sein, die sich immerhin kollektivieren und wehren können.

Aber was heißt: Abwendung in differenzierter Form? Es besteht kein Zweifel, dass sich nicht jeder Bösewicht seiner bösen Tat dadurch entledigen kann, dass er sich umdreht und weggeht. Das gilt selbstverständlich auch für die schweren Verstöße gegen die Achtung, die wir anderen schuldig sind; es gilt für das Ungleichheitsmobbing, das die Angehörigen von Gruppen zu erdulden haben, die aus Gründen des Geschlechts oder der Hautfarbe oder der Religion nicht „ins Bild" passen.

Jede Kultur der Abwendung braucht eine ethische Grundlage, die umrisshaft festlegt, wann es *nicht* statthaft ist, sich abzuwenden. Es gibt Situationen, in denen eine Entschuldigung jenen gegenüber, die man verbal oder sonst wie herabgesetzt und in ihrer Selbstachtung beschädigt hat, das Mindeste ist, was getan werden sollte. Und wir müssen uns auch darüber verständigen, dass Entschuldigungen *nicht* immer reichen. Manchmal bedarf es eben des Richters, um die Schäden schwerer Diskriminierungen und womöglich handgreiflicher Attacken zu beheben, oder aber den Geschädigten immerhin die Genugtuung einer öffentlichen Sanktionierung der Täter zu gewähren.

Dies alles einmal ohne Einschränkung festgehalten, scheint es dann jedoch für den inneren Frieden einer Gesellschaft unerlässlich, dass nicht die Überempfindlichsten und bigotten Moralunternehmer das Feld zu beherrschen beginnen. Dabei sind gewisse Empfindlichkeiten das Ergebnis einer „Sensibilisierung" durch die Propagandisten der Political Correctness, die sich dadurch selbst einen Machtstatus aneignen.

Gegen solche Empfindlichkeitsoffensiven lassen sich keine eindeutigen präzisen Regeln in Stellung bringen. Die Situation ist eher eine der Lebenskunst als des kategorischen Imperativs oder irgendwelcher Prinzipien. Entscheidend wird für jede Kultur der Abwendung der Gedanke zu sein haben, dass eine Kommunität, die ihre Mitglieder in ein allzu fein gewobenes Netz aus Beleidigungs- und Demütigungs-Anlässen einspinnt, dadurch das Entkommen aus Szenarien der „Zumutung“ kaum noch möglich macht. Niemand darf sich mehr einfach umdrehen und weggehen, alle müssen immerfort ihren positiven oder negativen Beitrag zu einem „Klima wechselseitiger Achtung“ prüfen.

Die Menschen werden dadurch aber nicht in ihrer Natur verändert, sie bleiben spöttisch und angriffslustig, so wie sie zur Freundschaft und zum Frieden geneigt bleiben. Sie werden allerdings irritiert, der psychische Stress steigt an, bis man den „Anderen“, den man ganz selbstverständlich im Rahmen des Üblichen geachtet hätte (wenn auch teilweise ohne sonderliches Feingefühl), einfach nicht mehr ausstehen kann. Denn er verkörpert die ständige Drohung eines Missachtungsvorwurfs.

Ja, der andauernd Vorwurfsbereite *ist* bereits der personifizierte Vorwurf, handelt es sich doch um eine passiv-aggressive Waffe, geeignet, noch seinen Nächsten, seinen besten Freund abzukanzeln und unter Druck zu setzen: Ist er nicht „klammheimlich“ ein Rohling, ein Lüstling und womöglich Schlimmeres?

Echoräume

Heute ist, mit kulturkritischem Fingerzeig, von „Echoräumen“ die Rede. Deren Herrschaft gipfelt im elektronischen Universum, das global geworden ist und noch bis in den letzten Weltwinkel hineinreicht (falls nicht irgendwelche Potentaten das Internet kappen). Und mehr noch: Wir selbst werden zu Echoräumen.

Früher hieß es, dass es aus dem Wald zurückschallt, so wie man in ihn hineinruft. Der „Wald“ – diese mehrfach codierte Metapher – war zugleich ein Echoraum, doch voller Wandlungen. Man rief in ihn hinein, und es konnte sein, dass das, was zurückschallte, eine „Offenbarung“ war: Plötzlich hörte man sich rufen, reden, wispern, wie man sich noch nie gehört hatte; man hörte – gleichnishaft gesprochen –, aus den stillen, summenden Winkeln, gebrochen durch jahrhundertealte Baumstämme und junges blühendes Grün, eine *Imago seiner selbst* Gestalt annehmen. Das Wesen, das man ist, wurde seines Wesens gewahr.

Deshalb konnte man durch den Wald streifen und trat dann auf eine Lichtung, seltsam erfrischt. Nicht alle

Echoräume sind undurchlässig. Nicht alle verstärken die eigene Enge, das eigene Lügengewebe, worin man tagaus, tagein eingesponnen ist wie in einem Kokon. Vom Wald wendet man sich nicht ab; man *lichtet* sich, indem man aus dem Wald heraus- und wieder ins Freie tritt.

Mit Wäldern, die zu Mythen werden, verdichtet sich die Echo-Lage. Man kann in den Mythos nicht hineinrufen, man ist schon immer zum Mythos gerufen. Im Angesicht der Götter wird aus dem, was unpersönliches, numinoses Sein war, das Gestaltete, welches Unterwerfung fordert. Man tritt nicht an die Gottheit heran, so wie man in den Wald eintritt. Die Schwelle zur Gottheit ist der Tempel. Du magst in den Tempel hineinrufen, was du willst, deine Gebete, deine Flüche, deine Verzweiflung und dein Glück. Stets wird dir dein Schicksal entgegenschallen:

„Das bist du, aber ich bin dein Gott, und mir bist du untertan. Du wirst zum Staubkorn, und im Staub findest du dich wieder. Du betest nicht zum Staub, du betest zum Gebieter des Staubes. Du bist der Staub. Du lernst, indem du in den Tempel hineinrufst, opferbereiter Staub zu sein. Du bist das Opfer, das ist nun dein Wesen, und was immer du gewesen sein magst, bevor du den Tempel betreten hast, es ist nicht mehr das Deine. Du bringst Opfer dar, in denen du fortan selbst haust und blutest und stirbst."

Der Mythos verschlingt alles an dir, was das Deine, was dein Einziges, dein Einzigsein war. Nun ist unser Mythos das Soziale Netzwerk, der weltumspannende Innenraum der elektronischen Kommunikation. Aus ihm erfahren wir, wer wir sind, indem wir in ihn hineinrufen. Wir posten, wir chatten. Noch nie waren wir so wir selbst. Und dabei schallt uns myriadenfaches Stimmengewirr entgegen, das von unserem eigenen, der Substanz nach, nicht zu unterscheiden ist.

Es ist immer dasselbe Wesen, das spricht. Wir werden uns aus der Hand genommen, noch während wir lachen oder weinen, und wir werden neu gemodelt. Denn wir sind, bei aller Buntheit, aller Irritation, allem Höchstpersönlichen unserer Erregungen doch im Innersten so, wie es uns aus den Tausenden und Abertausenden elektronischen Kleinräumen, die bloß ein Teil des großen Ganzen sind, entgegenschallt. Immerfort fühlen wir uns in dem bestärkt, was wir sind, und dabei sind wir auch immerfort alle anderen. Es wäre falsch zu sagen, dass wir austauschbar seien, denn wir sind, indem wir uns dem

Weltelektronikraum anheimgeben, immer schon *die Ausgetauschten*. Schon wieder hat – beispielhaft gesprochen – Maria einen Kommentar „geteilt", und schon wieder hat Hans ein Bild „gepostet", und damit haben sich beide als Individuen geäußert, *entäußert*, willens, ihr Eigenstes gegen die Anonymisierung zu setzen: als die, die sie sind.

Doch um die sein zu können, die sie sind, müssen Maria und Hans eintreten in einen Raum ohne Wände – das grenzenlose digitale Universum –, wo es kein Echo mehr gibt, welches sie darin bestärken könnte, wer sie sind, und sei es bloß in der Art, wie es die Spötter tun. Jeder Schritt weiter hinein in den grenzenlosen Echo-Raum löst die Substanz aller Botschaften auf, macht sie zu Partikeln eines elektronischen Flusses, der unterunterbrochen über unsere Welt hinwegströmt. Hier herrscht keine Entfremdung, weil es nichts mehr gibt, was von sich selbst zu entfremden wäre. Und dadurch entsteht, alles in allem, eine neue, völlig neuartige Form der Authentizität.

Was den Philosophen von einst noch das „Gerede" sein mochte, wird hier zum Ausdruck eines kollektiven Seins, dessen innere Leere neue, bisher ungeahnte Freiheitsmöglichkeiten eröffnet. Man tauscht sich aus, der eine wird zum anderen – *ist* bereits der andere –, indem er in den Umlauf der Endloskommunikation eintritt. Niemand braucht mehr er selbst zu sein, weil er ohnehin, was immer sein Rufen sein mag, in der Wesenlosigkeit des Mediums ganz er selbst ist.

Eine Tiefenschicht des Menschlichen ist weggebrochen, das ewige Ringen nach dem eigenen, unverwechselbaren Selbst, das dann stets unauffindbar blieb. In den Echoräumen des elektronischen Universums sind alle, indem sie rufen und zurückgerufen werden, immerfort ihr eigenes Echo, das ihnen, Neuigkeit an Neuigkeit auffädelnd, ihr Ausgetauscht-Sein widerspiegelt, welches nun ihr innerstes Selbst ist. Eine neue Rasse ist entstanden, die den Planeten bevölkert. Und ja, es fehlt uns dabei nicht an kritischen Stimmen, an Gegenrufen, an Protestdepeschen rund um den Erdball. Woran es fehlt, ist „der Weg nach draußen", solange wir im Echo-Raum des Netzwerkbetriebs, im Feld der Matrix verharren …

Man kann sich aber auch „umdrehen und weggehen", hinein in die Wüste der alten Bürgerlichkeit mit ihren Bibliotheken und Eckermann'schen Gesprächen. Man kann den dialogischen Humanismus wiederbeleben. Doch scheinen alle diese Wege immer nur „zurückzuführen", nach dorthin, wo einst der Mythos herrschte und, weiter noch zurück, der Wald auf unser Rufen seine zauberischen Echos sandte. Und dann?

Ist der „Weg nach draußen" etwa der Weg im Kreis? Ist jede Abwendung, alles Umdrehen und Weggehen nichts weiter als eine Pirouette im Fortschrittslauf, der dort endet, wo wir uns befinden und noch hingelangen werden? Nietzsches Lehre von der ewigen Wiederkehr des Gleichen – ist sie die Wahrheit unseres Seins, das all unsere Selbstverwirklichung einebnet, solange die Welt steht?

***

In Werner Herzogs Film *Encounters at the End of the World* (2008) – die Handlung spielt auf einem Forschungsgelände in der Antarktis – wird der Zuschauer Zeuge eines Vorfalls, der zu den spektakulärsten gehört, die jemals in einem Dokumentarfilm gezeigt wurden. Er birgt, in aller Stille, mehr Dramatik als die unzähligen Szenen des unerbittlichen, fühllosen und zugleich grausamen Fressens und Gefressenwerdens, wie es noch in den durchschnittlichsten Tierfilmen die Regel ist. Es geht um einen einzigen Pinguin, der seine Gruppe, die in der Gegend herumwatschelt, verlässt und schnurstracks in „die andere Richtung“ wegstrebt, auf die fernen Eisberge zu, wo ihn der sichere Tod erwartet.

Auch das ist ein Kommentar zum Thema „Abwendung“, und zwar einer, der unsere Seele tief berührt. Dieser legt nahe, dass die Geste des Umdrehens und Weggehens bei diesem selbstmörderischen Fall Ergebnis einer Pathologie des Pinguinhirns ist. Der Regisseur fragt einen der Forscher, ob jener schon Tiere gesehen habe, die verrückt geworden seien, weil sie „genug von ihrer Kolonie“ gehabt hätten. Der Forscher antwortet diplomatisch, das könne er so nicht bestätigen, wahrscheinlich liege bei dem Pinguin, der „in die andere Richtung“ eilt, eine Störung im Orientierungssinn vor.

Alle Erklärungen, die auf die gestörte Biologie des Tieres abstellen, mögen zutreffen, trotzdem kann man sich eines existenziellen Schauders nicht erwehren. Das hat mit der Symbolkraft des Gezeigten zu tun. Es gibt ja immer wieder Menschen, die uns erstaunen, erschrecken und auch ratlos zurücklassen. Ja, sie lassen uns zurück. Sie gehen weg, aus ihrer Familie, ihrer Umgebung, aus ihrem Land – *sie gehen weg von uns*. Und wir wissen nicht, warum; womöglich wissen sie es selbst nicht. Das Beisammensein mit uns – wer immer wir sind – ist ihnen unerträglich geworden; oder sie spüren einen Drang, mehr noch: eine Mission, die so stark ist, dass sie buchstäblich auf uns „vergessen".

Indem wir nun aber ihr Verhalten gegen sie selbst wenden, interpretieren wir sie möglicherweise gänzlich falsch. Sie hegen keinen Groll gegen uns, wollen nicht undankbar sein – es ist nur so: Sie müssen weg! In ihnen steckt vielleicht die Vision eines uns unfassbaren neuen Lebens, anderswo, in der Einsamkeit einer Einsiedelei; vielleicht treibt sie aber auch nur das unbeherrschbare Verlangen, unterwegs zu sein, „auf Achse".

Uns beschleicht in solchen Momenten der Trennung, deren Motivlosigkeit eine seltsam irritierende Frage aufwirft – „Haben wir im Leben etwas übersehen? Sollten *wir* grundsätzlich anders gelebt haben?" –, das Gefühl, die Abwendung des uns vertrauten Menschen kann nur *einen* Grund haben: Ein Ruf, gleich einer Berufung, von der wir nichts wissen, wurde laut … Das bringt in uns die metaphysische Saite zum Klingen. Denn wer könnte von seinem Leben allen Ernstes sagen, es bedürfte nicht einer solchen wortlosen Lenkung, die ihrerseits keinen Einwand duldet?

Ein solches Fragen geht weit über alle Lebenskunst hinaus. Es bildet den Horizont dessen, wovon wir sprechen, wenn wir einer Kultur der Abwendung nachsinnen. Der Grund dafür ist darin zu vermuten, dass jedes menschliche Leben, auch in seinen profanen, seinen allerweltlichsten Momenten des „Umdrehens und Weggehens“ unmerklich unter der Lockung, ja dem Bann eines Rufs steht.

Wenn ich, in einer Beziehung gefangen, schließlich meine „sieben Sachen“ packe, mich umdrehe und weggehe, dann bin ich ein ferner, sehr ferner Verwandter jener Inspirierten, die ins Ungewisse strebten, um einer Gewissheit willen, für die sie keinen Namen hatten, so wenig wie Angelus Silesius, der dichtende Mystiker, einen hatte:

Gott ist ein lautes Nichts.

Das Phantasma des guten Lebens entzieht sich unseren Begriffen, und dennoch ist es, existenziell und gleichnishaft gesprochen, der stärkste Attraktor. Ein Echo erreicht uns, das aus der Tiefe unserer Seele kommt, unserer paradiessehnsüchtigen Seele, die verloren hat, wonach sie wortlos ruft und von woher ihr nun, raum- und zeitenthoben, ein unentzifferbarer Lockruf entgegenschallt. Es ist das Echo von etwas, das – um Ernst Bloch zu bemühen – „allen in die Kindheit scheint und wo noch niemand war: Heimat“. (*Das Prinzip Hoffnung*, III, der letzte Satz.)

Das Unabwendbare

In Ernst Jüngers spätem Werk *Die Schere* (1990) findet sich unter der Nummer 78 eine tiefsinnige Bemerkung: „Auch Kulte sind spät. Die ursprüngliche Verehrung ist Existenz: Dank durch pulsierendes Sein."

Wer durch das Naturhistorische Museum in Wien wandert, wird an jenem altertümlich wirkenden, rotsamtig bestuhlten Saal vorbeikommen, wo kleine Filme zu sehen sind, die in hundertfacher Vergrößerung „primitive" Ein- und Vielzeller zeigen, namentlich Amöben, die Fließgestaltigen, und die Rädertierchen mit ihren Flimmerhärchen. Das Gewimmel, das auf dem Bildschirm zu sehen ist, zieht den Betrachter sofort in seinen Bann. Durch die Technik der Hintergrundbeleuchtung werden die Tierchen in ihrer Nährlösung halb durchsichtig; man sieht nicht nur ihre eigene Bewegung, sondern auch ihr bewegtes Inneres. Man sieht, wie ihre Körper an anderen vorbeigleiten oder sie in sich aufnehmen, als Nahrung. Man *sieht* Leben, rätselhaftestes Leben, und zwar – so der Eindruck, der sich nicht abwehren lässt – nahe dem Ursprung von Leben überhaupt. Und da, nahe der Quelle, hat es schon eine überwältigende interne Vielfalt, obwohl Jüngers Wort zu gelten scheint: „pulsierendes Sein".

Man sieht das Leben und man kann sich nicht abwenden, weil etwas im Betrachter sich regt: Das bist du! Es ist gerade die schier unendliche Entfernung, die uns von diesen winzigen Lebewesen trennt, welche uns gleichzeitig vor uns selbst hinbringt: Daraus sind wir geworden, *wir* aber haben es nicht getan, es war *etwas* in uns, eine unbegreifliche, mysteriöse Wirkkraft, die nicht nur die tote Materie sich beleben ließ, sondern über Myriaden von Veränderungen, Abweichungen, Angleichungen bis zu uns heraufführte. Und so erfasst uns jenes tiefe Staunen vor dem Geheimnis, in dem wir selbst geborgen sind. „Die ursprüngliche Verehrung ist Existenz: Dank durch pulsierendes Sein." Ich weiß nicht, ob diese Ausdrucksweise philosophisch hält. Indem wir aber jene Lebewesen dort, auf dem intimen Bildschirm, betrachten, sinken wir innerlich, tiefseelisch, ab. Wir nehmen eine Art von Tiefseewitterung auf, die in Richtung des Seins weist, aus dem wir stammen.

Und was das Gefühl der Verehrung betrifft, das zu den Kulten der Menschheit führen wird: Es ist eine Verehrung ohne Gegenstand. Amöben und Rädertierchen sind keine kultischen Objekte, sie sind Zeugen eines ungeheuerlichen Anfangs, des Wunders aller Wunder: aus Totem ist Leben geworden, und wir, die wir in jenem Saal des Naturhistorischen Museums zu Wien sitzen und schauen, sind ein Teil von all dem. Wir werden Zeugen des *Unabwendbaren – dessen, vor dem wir uns nicht abwenden können, weil wir es sind.*

Unser Schauen ist schon das Gebet in nuce, an niemanden gerichtet, während an der Seite des Saales die Besucher vorbeieilen, den großen Echsen, den Dinosauriern entgegen. Diese sind ausgestorben, wie so viele Kulte und Religionen, während das Sein unberührt bleibt. Und war es denn jemals tot? Tote Materie? Unbeseelt? Die Antwort auf diese Fragen ist das Schweigen, aus dem die Kulte hervorgehen werden, begriffslose Verehrungsgesten, hilflos vor Unverständnis und daher auch zweideutig. Nichts ist, worin das Dämonische nicht schon seine Brut eingesenkt hätte.

Das Erbsündendrama ist ein Archetypus. Etwas ging schief am Anfang, eine Urkatastrophe hat die Menschheit gebannt. Seither leben alle im Tal der Tränen, aus dem es kein Entrinnen gibt. Im Christentum wird das Erbsündige des Menschen von Generation zu Generation übertragen, der männliche Samen hört nicht auf, das Unheil fort- und fortzupflanzen, einzusenken in den Schoß der Frau. Erst durch das Erscheinen des Messias, in der Gestalt ganz Mensch, im Wesen Gott, wird der Erbsündenlauf gestoppt.

Folgen wir der heilsgeschichtlichen Erzählung, dann hatte Jesus von Nazareth keine Wahl, er konnte sich nicht einfach umdrehen und weggehen, um den Qualen, die ihm die Römer bereiten würden, zu entgehen. Er musste zu Ende bringen, was im Anfang bereits grundgelegt war, und zwar durch die Verführungskunst der Schlange. Jesus betet in der Nacht vor seiner Ergreifung im Garten bei Gethsemane, er schwitzt Blut. Er kann sich nicht abwenden …

Doch, gewiss, er könnte sich abwenden, aber er wird es nicht tun: Das eben ist der Lauf des Heils. Aber ist nicht ebendies gleichbedeutend damit, dass selbst der „Menschensohn", Sohn Gottes und mit Gott im Wesen eins, keine Ausflucht hat? Wir brauchen das Mysterium nicht zu erhellen. Wir sollten aber anerkennen, was es uns bedeuten will. Erst dadurch, dass sich Gott zum Lamm Gottes erniedrigt, werden wir frei: Von uns wird der Bann der Urkatastrophe genommen, wir sind in die Freiheit entlassen – in die Freiheit, unser Leben jenseits der Erbsündenfessel zu leben.

Das ist ein revolutionärer Mythos. Hatte Jahwe sein Volk befreit, so befreit Jesus unsere Seelen.

Schon vorher waren wir fähig zum Guten wie zum Bösen, aber alles Gute war durch die Erbsünde verdorben. Nun, nachdem sich Gott selbst am Kreuz für die erbsündigen Menschen opferte, wird das Gute gut sein – und sonst nichts; und das Böse bös – und sonst nichts. Jetzt erst können wir uns von dem einen wie dem anderen „abwenden", ohne dass wir an einen Anfang gefesselt wären, durch dessen Urschuld wir unserer Freiheit, uns „umzudrehen und wegzugehen", verlustig gegangen waren.

Dabei bleibt allerdings zu bedenken, dass all das, Bindung und Entbindung, Zu- und Abwendung, für den gläubigen Menschen Oberflächenphänomene sind. Was für ihn zählt, ist das Heil – das Gesetz des Heils und der Gnade –, welches durch alle Geschichte und alles Individuelle hindurchwirkt. Jeder Abwendung von wem oder was auch immer liegt demnach eine schicksalhafte „Logik" voraus, die im Dunkeln bleibt. Wir können sie nicht reflektieren, es ist das Geheimnis des *Mysterium tremendum et fascinosum*, als welches der Religionsphilosoph Rudolf Otto das Heilige, Göttliche, zu umschreiben suchte.

Die „bessere Zukunft“

Es gibt nicht nur die Lust an der Lüge des Tages, den Fake News, es gibt auch eine Sehnsucht nach epochaler „Wahrheit“. Und so wird der Lesemarkt mit Ein- und Fernsichten von Autoren überschwemmt, die sich mittels enzyklopädischen Wissens und genialer Intuition anheischig machen, uns unsere menschliche Lage zu eröffnen. Anstelle des Sehers ist der „Wahrsager“ getreten, der in Sachbüchern exzelliert.

Die Exzellenz mag in der Dimension des Zeitlichen angesiedelt sein. Man entwirft ein Tableau der Zukunft, das dem bisher Kurzsichtigen die Augen öffnet. So wurde bereits das „Ende der Geschichte“ als der endgültige Triumph der Einheit von liberaler Demokratie und sozialstaatlich gepuffertem Kapitalismus prophezeit. Francis Fukuyama kitzelte dabei, nolens volens, ein religiöses Sentiment: *The End of History* (1992), das klang nach Endzeit. Der Autor wurde zum Apostel der Posthistoire. Heute räumt er ein, zu wenig mit alternativen Systemoptimierungen gerechnet zu haben, namentlich der raubtierkapitalistischen Wohllebenstechnik plus Parteidiktatur in China …

Und dann der israelische Historiker Yuval Harari, der uns über das Normalmenschliche erhebt: Der Homo Sapiens, prophezeit Harari, strebe zum *Homo Deus* – so das gleichnamige Buch von 2015 –, und zwar mittels neuester Techniken in Richtung Unsterblichkeit. Angesichts des Umstandes, dass ein erheblicher Teil der Menschheit hungert oder in Armut lebt, müsste sich Hararis Zukunftsschau eigentlich von selbst erledigen. „Zuerst kommt das Fressen, dann das ewige Leben", ließe sich, in Anlehnung an Bertolt Brecht, eine zeitlose Erkenntnis formulieren.

Beide Beispiele demonstrieren, wie stark, als publizistische Spielmarke, eine Vision nachwirkt, welche einst unser Abendland konturierte: das Heilsgeschichtliche, demzufolge, nach des Anfangs Müh und Plag – mythisch: nach dem Verlust des Paradieses –, der Motor des Fortschritts anspringt, um den Menschen in den Glanz seiner Größe zu erheben. Damit sind wir bei der Quelle aller postmodernen Sehnsucht.

Martin Heidegger war wohl der letzte originale Tiefendenker. Er warf sein Begriffsnetz aus, um das „Sein des Seienden“ einzufangen. Demnach galt es, den humanistischen Diskurs im Krebsgang zu überwinden – hin zur vorsokratischen „Einfalt“ des Sagens. Freilich, Heideggers Ansatz litt darunter, dass seit dem idealistischen Aufbrausen des Geistes im 19. Jahrhundert der Kreis der Ideen ausgeschritten war.

Deshalb das Kippbildartige des meisterlichen Denkens: Was einerseits anmutet, als werde eine vordem nie bekannte Wahrheitsader geschürft, wirkt andererseits, als ob Papierenes in eine verschrobene Begrifflichkeit gepackt wäre. Die Sprache „spricht“, das Nichts „nichtet“, aus dem Sein wird das „Seyn“ im „Geviert“ aus Himmel und Erde, Ewigen und Sterblichen. Eine Wiederverzauberung der Welt findet statt, durch die triviale Wirklichkeit beginnt Geheimnisvolles zu schimmern – Göttliches? Mit Jacques Derrida und seiner Schule wird die Vorspiegelung der Tiefe dann noch einmal überboten. Die dekonstruktiven Exerzitien flechten die Welt in das Spinnwerk der Begriffe ein und legen dabei, paradox genug, das Geheimnis des Ganzen frei.

Es ist die quasipriesterliche *Différance*, welche das intellektuelle Publikum eine Zeitlang fasziniert. Die Falschschreibung ist der Bluff, er bezeichnet „eigentlich nichts und doch alles“. Aber wer liest das heute noch, diese vergilbten Faszinosa? Ihre große Geste sollte darüber hinwegtäuschen, dass, sowenig es noch eine Heilsgeschichte gibt, unsere Existenz durch keinerlei abendländische Abgründe oder Sonnenaufgänge mehr bereichert wird. Kurz gesagt: Das Funkeln einer Begriffskapriole macht unsere Innerweltlichkeit erträglich, die auf Dauer, ohne marktgängige Zerstreuungen, von unerträglicher Langeweile wäre. Während die Wissenschaft den Kosmos erkundet und das Quantenvakuum postuliert, sind wir immer nur „von hier“: kein Weg nach draußen, keiner zu den Himmlischen. Das Glück, nach dem der Abendländer suchte – jetzt ist es zum Greifen nahe und gleichzeitig ist es eine Fata Morgana.

Eingeschlossen in der Nussschale unserer Existenz, gilt nach wie vor das Zivilisationsverdikt aus *American Psycho*: „Surface, surface, surface was all that anyone found meaning in …“ Einst mag die Religion das Opium des Volkes gewesen sein, heute ist es die Vortäuschung einer wieder einmal nagelneuen Transzendenz. Sie wird indessen am Ideenjahrmarkt rasch durchschaut. Was bleibt? Das Wetterleuchten unserer Kultur; die Kriegslust tritt aus den virtuellen Spielräumen der Elektronik heraus, ins reale „Geviert“. Die radikalste Utopie, welche der sehnsüchtige Intellekt hervorgebracht hat, ist bezeugt in Ulrich Horstmanns bittersatirischem *Untier* (1983) – die Selbstauslöschung der Menschengattung.

Endlich Friede auf Erden! Oder?

Da schaut einer durchs Mikroskop und beobachtet den Einzeller, die gestaltlose Amöbe, bei ihrem Tun und Lassen (wenn man so sagen darf), und er fragt sich, was denn besser geworden sei? Das Leben scheint sich seinen Schmerz selbst zugefügt zu haben, und nun ist die ganze Welt von Schmerz erfüllt, nachdem schon so viel an Schmerzen erlitten wurde. Die Zukunft war stets das, was noch mehr Schmerz mit sich führte. Aber die Technik, so wird erwidert, die Medizin, der Prozess der Zivilisation – das war doch nicht nichts, im Gegenteil, der Kampf gegen das Übel hat erst begonnen …

Das geht so hin und her mit den Argumenten, während die Atomraketen in ihren Silos darauf warten, losgeschickt zu werden, um Millionen ein Inferno zu bereiten, so lange, bis die Erde unbewohnbar geworden sein wird. Friedrich Nietzsches Prophetie, wonach wir uns der Periode der Erdflöhe nähern, der Periode, die am längsten dauern wird – Nietzsches tausendjähriges

Reich –, könnte sich erfüllen, doch ganz anders, als es sich der Umwerter aller Werte, der Künder des Übermenschen dachte: Es wird vielleicht eine Zeit der Erdflöhe kommen, die dann aber tausend Jahre *unter der Erde* herumkriechen, herumhüpfen, weil die Oberfläche gänzlich verstrahlt ist.

Wer sich von unserer Zeit abwenden möchte, hin auf die Zukunft, der macht bloß rhetorische Gesten; er inszeniert einen irrlichternden Ausblick, welcher nur so lange wünschenswert scheint, als die Zukunft noch keine Realität geworden ist. Sich von der Gegenwart abzuwenden, auf eine – wie es heißt – „bessere Zukunft" hin, ist Gerede, solange der Weg erst beginnt, gleichsam vor dem Marschbereiten liegt. Zurzeit haben Hunderte Millionen Menschen zu wenig Nahrung. Füttert erst die Hungrigen! Das ist der kategorische Imperativ unserer Zeit.

Und – so ließe sich eine Philippika ansetzen – ihr werdet immerfort genug damit zu tun haben, den Schutt wegzuräumen, den die unzähligen Kriege verursachen, die zu jeder Zeit auf unserem geschundenen Planeten geführt werden, aus Bösartigkeit, geboren aus religiösem Wahn, um die Machtgier, die Geldgier zu befriedigen, oder auch nur, um die anderen leiden zu sehen. Es gibt keine bessere Zukunft, solange die Erde eine Hölle auf Erden ist, mit ein paar Luxusschlupfwinkeln, deren einer unser eigener ist.

Umdrehen und weggehen?

Ja, schon, aber wohin?

Die Zukunft, der wir uns hier, im reichen Westen, zuwenden – das ist die Zukunft des Mauerbaus, der Abschottung, des Sterbenlassens in Stacheldrähten, Lagern und auf Schlauchbooten. Wir hindern die, die in eine bessere Zukunft wollen, daran, diese jemals erblicken zu dürfen, und dabei sind wir der festverlogenen Meinung, dass wir nur so unser eigenes Überleben sichern.

Wir schreiben das Jahr 2020 nach Christi Geburt. Die Europäische Union zahlte viele Millionen Euro an Libyens Regierung, die in Wahrheit nichts auszurichten vermag, zerrissen und gelähmt ist. An der Küste ihres bürgerkriegsgeschüttelten Landes werden riesige Internierungslager eingerichtet, für die Ärmsten der Armen, Fluchtmenschen, die um ihr Leben rannten, humpelten, krochen, mit Sack und Pack, Kind und Kegel und auch allein, verwaist – wochenlang, monatelang … Die Lager werden von Security-Cliquen, durchmischt von Söldnern, bewacht und sind ein ständiger Ort der schrecklichsten

Entbehrungen, der Foltern und Vergewaltigungen bei Tag und bei Nacht. Europa probt das altbekannte Stück: sich loskaufen, um das schlechte Gewissen zu beruhigen; wegschauen und an eine „bessere Zukunft“ glauben.

Für diejenigen, denen wir, die Wohlstandsüberflussmüden, keine bessere Zukunft, keine Existenz ohne Angst vor tiefster Erniedrigung ermöglichen, sind *wir* die Teufel, wer oder was sonst? Und heißt es nicht grundkatholisch: *Ubique daemon*, „der Teufel allerorten“?

Vor uns – so muss es den Elenden, den Todgeweihten scheinen, und so *ist* es – versagt jede Lebenskunst der Abwendung. Flucht ist unmöglich, unser Miasma, unser Gifthauch, hat alles durchdrungen.

Kapitel V

Weggehen unmöglich?

Liegen gelassene Dinge

Beim Anblick liegen gelassener Dinge erfasst mich bisweilen eine Wehmut, der eine tiefe Sympathie beigemischt ist. Sympathie wofür? Ich könnte es nicht genau sagen. Wehmut? Das ist schon eher verständlich, denke ich, auch für jene, denen das Liegengebliebene meist zugleich etwas ist, was es wegzuräumen gilt, den Weg versperrt, Unordnung erzeugt.

Gerade war ich auf dem Balkon meiner Wohnung und dort sah ich, auf einem Klappsessel aufgeschichtet, ein Häufchen Muscheln, dazwischen die vertrockneten Überreste diverser Blütenblätter. Sie stammen von den Blumenstöcken rundum, sind sorgsam arrangiert, und an der Spitze des drapierten Häufchens, dessen Sinn sich mir nicht erschließt, balanciert in schiefer Lage eine kleine Spielzeugmöwe mit gebreiteten Flügeln. Kein Zweifel, da war ein Kind, das gespielt hat, und jetzt – es war zwar erst gestern, es kommt mir aber lange vor – gewiss nicht mehr an sein Spiel denkt.

Es hat sich leichthin umgedreht und ist weggegangen. Und nun ist es verschwunden (nicht wirklich verschwunden, ich kenne ja sein Zuhause), doch die liegen gebliebenen Sachen und Sächelchen künden noch von der Verzauberung, die solche Spiele mit sich führen. Das Kind war im Wunderland. Inzwischen sind aus den Requisiten des Herzens, der Seele, liegen gebliebene Dinge geworden. Meine Wehmut ist grundiert von der Gewissheit des Vergessen-worden-Seins, und meine Sympathie – oder ist es gar eine Art von tiefer Zuneigung, Liebe? – hat mit der Leichtigkeit zu tun, dem Tänzelnden, das ich mir einbilde, im Abgang des Kindes bemerkt zu haben.

In diesem tänzelnden, fast wehenden Abgang war eine Erfülltheit von dem, was vorher gewesen war, dem Wunderweltwirken zwischen Muscheln, Blütenblättern und einer Möwe, die beim Niederflug ihre ausgebreiteten Flügel wippen ließ, als Folge einer raschen Bewegung der Kinderhand. Wäre das Kind noch länger bei seinem Spiel geblieben, die Wunderwelt hätte sich rasch in ein Krimskrams aus toten Dingen verwandelt. Langeweile und Überdruss wären die Folge gewesen, und mit der Langeweile und dem Überdruss wäre die finstere Laune gekommen, die plötzliche Verzweiflung darüber, dass sich der Zauber zurückgezogen hatte und sich nichts dagegen machen ließ.

Oder doch? Zerstören das Ganze …?

Als Nachkriegskind, noch unter dürftigen äußeren Verhältnissen groß geworden, wurde mir beim Mittagsmahl immer anbefohlen: „Was auf den Teller kommt, wird gegessen!“ Das war nicht böse gemeint, und schon gar nicht Ausdruck einer grausamen Gestimmtheit der Erziehungsperson; es war bloß der Nachhall des Hungers, der wenige Jahre vorher in den Eingeweiden genagt hatte. Ich sollte es besser haben, ich hatte es besser, aber dazu musste ich mein Scherflein beitragen: Iss auf!

Es durfte auf dem Teller nichts liegen bleiben. Liegen gebliebene Dinge waren Mist oder etwas, das verschwendet wurde (man sollte es aufheben und weiterverwerten). Erst später, wenn die Not des Lebens geholfen hat, zu verstehen, warum weggeputzt und weggeräumt werden muss, will man nicht auf eine erbärmliche Stufe des Existierens zurücksinken: Erst dann kann sich die Aura des Liegengebliebenen entfalten. Du spürst dann in den liegen gebliebenen Dingen noch die Lebendigkeit, die sie einst an den Ort verbrachte, an dem sie nun zwecklos „wesen“.

In der seelenvollen Zwecklosigkeit liegt eine tiefe Wahrheit, unser Dasein und das Sein der Welt betreffend. Ich möchte aus dem Häufchen Spielmaterial auf meinem Balkon kein Metaphysikum machen. Doch es wäre nicht angängig, einfach darüber hinwegzureden, dass von solchen Häufchen eine Ahnung ausgeht. Etwas ist verschwunden, in diesem Fall meine Enkeltochter, aber ihre Abwendung konnte ihre *Präsenz* nicht auslöschen. Wäre sie bei der Sache geblieben, sie hätte das *Präsentische des Liegengelassenen* zerstört. Es wäre, was immer auch übrig geblieben wäre von dem Spiel, doch nichts mehr dagewesen, was davon „erzählt" hätte, dass ein Wesen *da* war, das die Dinge, mit denen es spielte, beseelte.

Und die Ahnung?

Wir alle haben, sofern wir bloß zur Stelle und angemessen gestimmt waren, am Strand des Meeres, abends oder frühmorgens, schon die Kiesel gesehen, die uns anmuteten, als seien sie dort liegen geblieben, wie etwas liegen bleibt, das liegen gelassen wurde. Dadurch geriet uns der Strand zu einem auratischen Ort: Etwas ist dagewesen, das all diese Dinge, die jetzt scheinbar absichtslos herumliegen, arrangierte und dann aber – nach wie vielen Äonen des zwecklosen Spiels? – sich abwandte, vielleicht anderen Orten zu. Der Strand wird uns so zu etwas Kostbarem, das uns zugleich melancholisch und weltinnig stimmt.

Es war ein alter Grieche, der sagte, dass sich die Götter aus den Tempeln wegbegeben und übers Land verstreut haben. Die Tempel sind liegen geblieben, verlassene Höhlen der Intimität all dessen, was wir verehren, und die Welt, mit all ihren Gesteinen, Pflanzen und Tieren, wurde zur Heimat derer – der Höchsten, höchst Verehrungswürdigen –, die sich „umdrehten und weggingen". Die Frage, warum dies so geschah, muss offenbleiben. Der Mythos schweigt beredt. Davon kündet das Liegengebliebene.

Doch auch eine dunkle Ahnung begleitet das Götterthema. Haben die Götter, hat Gott das Interesse an uns verloren? Es gibt seit alters her das Motiv des spielenden Gottkindes. Wie das menschliche Kind im Sand sitzt und seine Burgen baut, einem Spiel frönt, von dem es bald wieder genug haben wird – zerstören, aufbauen, zerstören, aufbauen –, so wird den Menschen, die im Mythos befangen sind, zur bangen Frage: Ist die Schöpfung, sind die Geschöpfe in ihr auch bloß Götterspielzeug? Hat uns ein göttlicher Kindskopf im Spiel erschaffen, hat er mit Neugierde und Lachen unsere Freuden und Sorgen begleitet; hat er sich womöglich an unseren Leiden und Todesängsten delektiert, bloß, um am Ende des

Spiels überdrüssig zu werden? Sind wir Liegengebliebene, Liegengelassene eines übernatürlichen Spieltriebs, der schließlich ermattete?

Die altgriechische Spekulation, namentlich die des Epikur, kennt die Intermundien, die „leeren Räume" zwischen den Welten, in denen die Götter in immerwährender Glückseligkeit weilen, ohne sich noch um uns zu bekümmern. Ja, die Frage ist, ob sie, die Unsterblichen, nicht überhaupt auf uns vergessen haben. Unsere Situation würde dann an die von Kindern, „Findelkindern", gemahnen, die als Waisen am Straßenrand liegen geblieben sind, weil ihre Erzeuger sie dort abgelegt hatten, ohne Gefühle der Schuld, der Sehnsucht nach dem Abgelegten, einst vielleicht sogar Begehrten, schon wieder ganz in ein neues Leben und Wohlbehagen eingesponnen.

Sind wir – so die dunkle Ahnung – nicht nur allein auf Erden, ohne einen Himmel, der uns sorglich umwölbt (es gibt nur die natürlichen Elemente und ihre Gesetze), sondern allein auf eine metaphysisch grausame Weise: Die, die uns aus unserer Not der Endlichkeit erretten könnten, bleiben glücklich in sich selbst verkapselt. Sie sind für uns nicht ansprechbar. Sie hören unsere Gebete, unsere Verzweiflungsschreie nicht. Und wenn sie unser Flehen in ihren Zwischenwelten doch hören sollten, dann würde es für sie klingen, als ob der Kosmos ihnen eine seltsame Melodie zutrüge, eigentümlich melodiös in ihrer harmonielosen Art …

Das erinnert an die „schrecklichste“ Geschichte, die uns Elias Canetti in seinem Buch *Die Fliegenpein* (1992) überliefert hat: die Geschichte von dem Mädchen, welches aus lebenden Fliegen, deren Körperchen sie mit einer Nadel geschickt durchstach, Halsketten bastelte. Das Mädchen legte sich die aufgefädelten Fliegenleiber, die noch lebten, um den Hals und empfand beim Zappeln der Flügelchen und Füßchen ein „himmlisches Vergnügen“. Ist das etwa auch, ins Kosmische gesteigert, das unschuldige Vergnügen der Götter?

Hierbleiben-Müssen

Ich gehe davon aus, dass unseren Gesellschaften ein kulturell verbindliches Modell des sinnreichen Alterns zusehends abhandenkommt. Das hat verschiedene Gründe: Traditionelle Altersmodelle erweisen sich als unbrauchbar oder schöner Schein ohne Substanz, bürokratische Regelkontexte im Rahmen des Sozialstaates definieren mehr und mehr, worin würdevolles Altern zu bestehen habe, eine boomende Altersindustrie erfindet fast jeden Tag neue Slogans zur Fitness und Mobilität im Alter, und nicht zuletzt hält eine hochleistungsmedizinische Geriatrie den alten Menschen auf Trab – es geht vom ärztlichen Wartezimmer zur operativen Rechtsbelehrung, der Bogen reicht von vielerlei Gelenksimplantaten, Chemotherapien bis zur Altersschönheitschirurgie.

Auf meinem morgendlichen Weg zur Arbeit – als Hochschullehrer im Ruhestand wird mir das Arbeitsprivileg zuteil – benütze ich bisweilen öffentliche Verkehrsmittel. Mit mir fahren Altersgenossen und Ältere. Sie sind, oft bettflüchtig, auf dem Weg zum Arzt oder zu sonst einem Termin: Kein Bild der Lebensfreude. Demgegenüber strahlt, in eine Aura unverwüstlicher Jugendlichkeit gehüllt, der alte Mensch von den knallbunten Info-Screens, welche die Verkehrsbetriebe anbringen ließen. Zwischen Weltnachrichten, dem Witz des Tages und anderen Dringlichkeiten wird uns die Bergwanderlust, Wellnessvitalität und, dezent bebildert, sexuelle Potenz rüstiger Seniorinnen und Senioren nahegebracht.

Heute alt zu werden, ist eine Angelegenheit zwischen Rüstigkeitslaune, Hinfälligkeitshektik und – das darf nicht ausgeblendet werden – deprimierender Langeweile, ja schon fast langweiliger Depression, entweder in Einsamkeit durchlebt oder unter der mehr oder weniger freundlichen Bevormundung durch Angehörige und Pflegepersonal. Dabei haben alle jene recht, die sagen, dass in unseren Wohlstandsgesellschaften die sich rasch vergrößernde Gruppe der Alten und Uralten besser behandelt und versorgt wird als jemals zuvor in der Geschichte der Menschheit. Dennoch zählt für viele alte Menschen heute nur eines: nicht schon am Morgengrauen zu verzweifeln, jenem Grauen im Doppelsinn des Wortes, welches den wieder einmal aufdämmernden Tag als eine hoffnungslos zu durchmessende Strecke an leerer, von öder, weil perspektivenloser Lebensroutine getakteter Zeit ankündigt.

Ich weiß keineswegs, ob sich gegen dieses Paradox der – wie ich sagen möchte – „betreuten Leblosigkeit" unter den vorliegenden Bedingungen etwas wirksam unternehmen lässt. Ich zweifle nicht daran, dass im Einzelfall geholfen werden kann, die Bürde des Alters zu erleichtern. Aber mir kommt vor, dass alle positiven Altersentwürfe, die unter den geriatrischen Fachleuten zirkulieren, sich über *eine* Konstante unserer ökonomisierten Gesellschaften hinwegzuretten versuchen: Das alte Leben verursacht der Gemeinschaft in erster Linie Kosten, während die zentralen Wertindizes an Karrierechancen, Aufstiegspotenzialen und Leistungsvermögen orientiert sind. Gewiss, der alte Mensch, der in den sogenannten Ruhestand tritt, hat im Normalfall in eine Sozialversicherung eingezahlt und ist berechtigter Empfänger einer Pension oder Rente.

Aber die Jungen beklagen nicht ohne Grund, dass die Alten viel zu lange leben, nämlich weit über jenes Angesparte hinaus, das zu einer Altersversorgung berechtigen würde. Und dieser Umstand wiederum führt zu einer Abwertung der Masse alter Menschen. Die Masse an Ruhestandsberechtigten wird, ob brutal ausgesprochen oder bloß dezent angedeutet, als eine Plage wahrgenommen, die den vorhandenen Sozialtopf, der doch für alle Generationen genügend Mittel bereithalten sollte, progressiv ins Minus absacken lässt.

Wenn wir das Problem der sozialen Altersgerechtigkeit ausblenden, das in Zukunft das Altwerden gewiss nicht leichter machen wird, dann müssen wir uns die ein wenig dümmliche Frage stellen (und sie wird ja an uns herangetragen, mir zuletzt auf einem Altenpflegekongress): „Alter – Würze des Lebens oder Auslaufmodell?" Ich muss gestehen, dass ich beim Begriff „Auslaufmodell" stutze. Denn wenn wir ein Auto als Auslaufmodell bezeichnen, dann meinen wir damit, dass es nicht mehr hergestellt werden wird. Aber es geht wohl nicht darum, dass der alte Mensch sich am Fließband des Lebens jenem Punkt nähert, wo dann die Bestattungsindustrie übernimmt; die Wendung „Würze des Lebens oder Auslaufmodell" zielt auf eine gesellschaftliche Weichenstellung mit massenhaften individuellen Auswirkungen: Sollte man das Alter derart zu gestalten suchen, dass man aus dem Alt-geworden-Sein neue, *erst im Alter erwerbbare* Lebensfreude bezieht, oder aber sollte man alle technischen Möglichkeiten nützen und vorantreiben, die dabei helfen, *erst gar nicht in das Stadium des Alters eintreten zu müssen*?

Ich denke, dass heute die zweite Alternative jene ist, die – unter der Voraussetzung eines realistischen Blicks – wohl von den meisten Menschen bevorzugt würde. Alter ist und bleibt Mühsal und eine oft grausame Schule der Ernüchterung. Doch heute scheint die vor Kurzem noch futuristische Devise „Ewig jung!" immer mehr an Substanz zu gewinnen. Aus dem sagenhaften kalifornischen Silicon Valley dringen Nachrichten, wonach es in naher Zukunft möglich und bald auch den Massen zugänglich sein werde, jene Gene chemisch abzuschalten, die den Alterungsprozess einleiten und bis zum Exitus vorantreiben. Statt also nach der Würze des Alters zu suchen, würde man sich dann dafür entscheiden können, erst gar nicht alt im biologischen Sinne des Wortes zu werden.

Vorerst sieht die Realität freilich anders aus. Neulich erzählte mir eine Altersfreundin von einem nahen Verwandten, der, sein Leben lang höchst aktiv, mit sechzig Jahren zum ersten Mal den Zahnarzt aufgesucht habe. Das liege nun schon wieder Jahre zurück. Und das Ergebnis? An keinem Zahn sei auch nur eine einzige Plombe nötig gewesen! Als ich daraufhin fragte, was denn ihr Verwandter, jetzt weit jenseits der sechzig, noch alles unternehme, bestückt mit nach wie vor tadellosen Zähnen, da antwortete sie heiter: Er genieße seinen Lebensabend, was sich unter anderem darin zeige, dass er – falls nicht gerade seine Kinder oder Enkelkinder zu Besuch seien, leider viel zu selten – nun endlich Zeit habe, zu Hause zu sitzen und gemütlich die Zeitung zu lesen …

Mir hingegen kam vor, das Tragikomische an dieser Erzählung war die Diskrepanz zwischen dem hervorragenden Zahnstatus des alten Mannes und seiner Verbannung ins Reich der zeittotschlagenden Kreuzworträtsellöser. In dieser Diskrepanz liegt etwas Symbolhaftes. Die sogenannte körperliche Rüstigkeit verstärkt den Eindruck, hier sei, aus einer falsch verstandenen Ruhestandszumutung, ein zur Vitalität befähigter Senior in eine Existenz der Leblosigkeit gebannt worden. Vermutlich hätte er sich davor nur durch eine jener Seniorengruppenreisen retten können, die wegen der ihnen immanenten Verpflichtung zur guten Dauerlaune vielen wenig attraktiv erscheinen. Trotzdem entsprechen derartige Kollektivvergnügungen für alle noch einigermaßen Rüstigen *dem* Unterhaltungsstereotyp unserer Zeit.

Man sprach früher gerne von der „Weisheit des Alters“ und davon, dass der alte Mensch auf sein Leben als ein „gelebtes Ganzes“ zurückblicken dürfe, aus dem ihm eine Art intuitives Wissen auf die Frage erwachse: Und wozu war das alles, waren all die Wechselfälle des Lebens, nun letzten Endes gut? Eine solche Zuschreibung, die dem Alter einen bevorzugten Platz in der Gemeinschaft einräumte, war freilich stets auch als Kompensation für all die Beschwernisse des Körpers und der Seele gedacht, die mit den Jahren eine dominierende Rolle zu spielen beginnen.

Umso stärker nun aber alte Menschen von der Öffentlichkeit als Kostenverursacher wahrgenommen werden, umso gebetsmühlenartiger wird deren Würde beschworen. Denn die Beachtung der Alterswürde bildet einen wichtigen Schutz gegen allerlei Verrohungstendenzen häuslicher und institutioneller Natur. Doch man sollte dabei nicht darüber hinwegsehen, dass die Praxis der Würde keineswegs nur vor Verwahrlosung und übermäßiger Bevormundung schützt. Es wird durch das quasi amtliche Würdepatent des Lebens auch eine Sicht auf das Alter festgeschrieben, welche dem Aspekt der Lebendigkeit keine wegweisende Rolle mehr zugesteht.

Wohlversorgt und einigermaßen schmerzfrei zu leben, notfalls mithilfe stimmungsaufhellender Substanzen – das ist der Bedingungsraum, innerhalb dessen die Würde des Alters hinreichend gewahrt wird. Ist man jedoch nicht bereit, die Altersrealität durch die rosige Brille zu sehen, dann ist unschwer erkennbar, dass Würde und Wohlbefinden – geschweige denn das Gefühl, lebendig zu sein – oft weit auseinanderklaffen. Aus der rechtlich abgesicherten Lage des würdevollen Lebens purzeln der Lebenssinn und die ihm eigene Lebendigkeitsstimmung nicht gleichsam heraus. Wie könnten sie es auch? Ein solches Programm würde jede Form der Professionalität – der professionellen Hilfe unter oft widrigen und schlecht bezahlten Verhältnissen – überfordern.

Und so wird, was dem Alter an objektiver Sinnhaftigkeit fehlt, nicht selten zu einem Kampf um späte Lust. Der ehedem verächtliche Topos des Lustgreises liefert das Grundbild einer Störung, die mittels sozialstaatlicher Maßnahmen nicht lösbar ist, auch nicht durch die kostenlose Abgabe von Potenzmitteln. Der explizite Alterssex, der heute nicht nur die Filmindustrie befeuert, sondern ein ganzes Segment der Alterspädagogik beschäftigt, ist nur die schrille Spitze einer informellen Pflicht zur Selbstliebe und Heiterkeitssorge, deren Grundproblem darin besteht, dass irgendwann Schluss ist mit dem Spaß.

Alt und älter zu werden ist eine Zumutung. Je länger es dauert, umso stärker macht es uns zu Sklaven des Lebenstriebs, während die Hochleistungsmedizin tausenderlei Mittel offeriert, die das Elend des Nicht-sterben-Könnens ins schier Endlose verlängern. Und weil es im hohen Alter, über viele Schicksalsschläge hinweg – umringt von lieben Menschen, die bereits tot sind –, immer schwieriger wird, die versiegenden Glücksquellen zu nutzen, erhält der Umstand, sich dennoch lebendig zu fühlen, ein immer größeres Gewicht. Ja, man möchte leben, aber nicht bloß überleben!

Es ist also kaum verwunderlich, dass viele Menschen im Vorausblick auf ihr Alter keineswegs das Gefühl haben, in einen Hafen einzulaufen, um ein zugleich vertrautes und neues Land zu betreten, worin noch einmal eine vitale Episode ihres Lebens vor ihnen liegt. Unter den vielen Fraglichkeiten, die heute mit der Altersperspektive einhergehen, dominiert die mehr oder minder eingestandene Angst, zunehmend aus dem Leben in eine wohlfahrtsstaatliche Leblosigkeitsexistenz gedrängt zu werden, während man immer stärker an der Kette des Lebens hängt. *Abwendung unmöglich.*

Zur Angst vor der Hospitalisierung des eigenen beschädigten Lebens gesellt sich im Vorausblick, gerade für den noch jüngeren, aktiven Menschen, der Horror vor einer geminderten, passiven Existenz unter mehr oder minder weitgehender Bevormundung.

„Umdrehen und weggehen?"

Das würde, unverblümt gesprochen, im vorliegenden Zusammenhang beim Alterssuizid enden.

Das Starren ins Leere

Du bist älter geworden, du bist alt geworden, immer weniger Dinge dringen zu dir durch. Nicht, dass deine Sinne nicht mehr ihre Arbeit verrichten würden, es ist vielmehr so, dass sie arbeiten und dabei nichts mehr zeigen, was dein lebhaftes Interesse wecken könnte. Du starrst immer öfter ins Leere.

Was ist das für eine Leere? Alles liegt doch vor dir ausgebreitet. Es ist noch früh am Morgen, auf dem Fensterbrett deiner Frühstücksecke blühen die alten Orchideenstöcke hellauf, im CD-Player singt die Freni eine Arie aus Donizettis *Don Pasquale*. Das alles hatte dich früher entzückt, aus den Dingen, den Tönen, den Farben kam ein inneres Licht. Du fühltest dich zu den Dingen hingezogen. Sie bedeuteten dir, wie man so sagt, etwas – was? Sie *bedeuteten*, weil sie über sich hinausdeuteten – auf einen Horizont zu, einen unsichtbaren, einen Sinnhorizont, vor dem die Welt offenstand. Jetzt, so kommt dir vor, ist das Licht längst erloschen.

Die Dinge sind da, aber sie haben sich von dir abgewandt. Du bist allein zurückgeblieben, fühllos, aller Gedanken enthoben. Aber „enthoben" ist nicht das richtige Wort, es klingt zu leicht, fast fröhlich, als ob es noch irgendwohin gehen könnte, wo dir das Licht wieder leuchten würde. Nein, jeder Gedanke, so kommt dir vor, wäre eine sinnlose Regung. Also starrst du ins Leere, du siehst die Dinge, aber so, als ob sie gar nicht da wären. Denn du hast aufgehört, für sie da zu sein. Es gibt keine Wahlverwandtschaft mehr zwischen dir und den Dingen der Welt …

Das Thema „Wahlverwandtschaft" – eine Metapher – ist von entscheidendem Gewicht, wenn es darum geht, mit der Welt einen lebendigen Kontakt zu unterhalten. Es gehört zur Normalität des Lebens, dass wir, ohne es eigens auf den Begriff bringen zu müssen (es ginge ohnehin nicht), uns eingebunden fühlen in unsere Umgebung, die auch alles Nichtmenschliche umfasst. Die Dinge sind nicht bloße Materie, belebt oder unbelebt, sie bilden keinen bloßen Sinnenreiz oder Widerstand, sondern sind uns ontologisch nahe. Diese Nähe schafft Welt, Vertrautheit, wir fühlen uns angezogen oder abgestoßen, aber wir fühlen uns nicht einfach abseits, sondern einbegriffen.

Das mag der Grund für jene metaphysischen Ansichten sein, die davon sprechen, dass alles mit allem *innig* verbunden ist, weil durch alles ein über alle Begrenztheit hinausgehender kosmischer oder seelischer „Atem“ hindurchgeht. Dass die Dinge aufhören, uns, den Geistwesen, nahe zu sein, „wahlverwandt“, kommt uns vor, als hätten sie sich von *uns* abgewandt. „Umdrehen und weggehen“, das ist für den, der nicht bloß zeitweilig ins Leere starrt, sondern ihm gleichsam zur Haltung geworden ist, keine Option der Lebenskunst mehr.

Von der Welt, die sich von dir abgewandt hat, kannst du nicht *nicht* Kenntnis nehmen. Ist es erst dein Los, die Dinge als solche zu erleben, die sich von dir abgewandt haben, dann ist die ontologische Klammer der Wahlverwandtschaft gerissen. Du bekommst keinen Atem mehr, deine Welt glänzt nicht mehr im Licht. Du bist, umringt von Stoff, umgeben von denselben Sachen, die dich früher zur Möglichkeit begabten, dich „umdrehen und weggehen“ zu können; nun bist du derjenige, der allein zurückgeblieben ist: einer im Weltexil, weil ohne lebendige Welt.

Es ist für unsere seelische Gesundheit, unser geistiges Leben von zentraler Wichtigkeit, dass wir unter Dingen leben, die es uns gestatten, das Spiel aus Nähe und Distanz zu spielen. Es ist kein Spiel, und doch hat diese Befähigung etwas von einem Spiel: Es liegt Freiheit in unserer Beweglichkeit, am Sein und Dasein der Dinge teilnehmen zu können, weil wir uns intuitiv dessen bewusst sind, dass wir uns auch anderem zuzuwenden in der Lage wären.

In dieser Freiheit, deren Ausübung niemanden und nichts beschädigt, sondern uns nur in unserem Gefühl der Lebendigkeit – der Weltnähe – bestärkt, gründet ein wesentlicher Zug unseres Menschseins. Deshalb ist die Lebenskunst der Abwendung auch eine Ethik, wenn auch eine, die sich nicht auf irgendwelche abstrakten Prinzipien stützt, sondern auf unser Gefühl, unter den Dingen und damit in der Welt „beheimatet" zu sein.

Wir kennen Heimaten, „Pseudoheimaten", in denen es nicht gestattet ist, sich umzudrehen und wegzugehen. Das sind die Kollektivgefängnisse der Glaubensdogmatiker und Nationalisten, wo alle Blicke stets unverwandt auf das Dogma und das Heil, das einem starren Daseinsarrangement entspricht, gerichtet sind. Es mag sich aber auch, von Einzelfall zu Einzelfall, um die Existenzzelle einer Depression handeln.

Das Starren ins Leere kann Züge einer Manie annehmen. Aus der absoluten Fremdheit der Welt strömt uns dann eine Scheinintensität entgegen, auf die zu starren wir nicht aufhören, weil in ihr das Letzte, Absolute – das

Göttliche – sich uns zu nähern scheint. Am Ende freilich bleiben wir, wie Lord Chandos in Hugo von Hofmannsthals *Ein Brief* (1902), ausgebrannt zurück: Wo sich uns das innerste Geheimnis des Seins zu offenbaren schien, in einem ekstatischen Stupor, dort starren wir ins Leere.

Unsere Lebendigkeit und die Gewissheit, in der Welt beheimatet zu sein – zusammen zu sein mit anderen Dingen und Wesen –, hängt an unserer existenziellen Fähigkeit, unserer Freiheit, uns „umdrehen und weggehen" zu können. Hat sich hingegen die Welt von uns abgewandt, wird jenes andere Motiv unseres Erdendaseins – das Fremdsein hienieden – absolut, dann werden wir, sofern nicht zu Erstarrten, zu Zombies, welche die Dinge in sich hineinschlingen wollen, um an ihrer „Freiheit" teilhaben zu können.

Der abwendungsunfähige Mensch, der gegen die Erstarrung, den existenziellen Tod ankämpft, wird zum Zombie: Er ist ein lebendig Toter, der von den Dingen zehrt, die sich von ihm abgewandt haben. Von hier läge eine Tiefenbetrachtung des Amokläufers, auch des Terroristen nahe, dessen totale Zerstörungswut zugleich Aneignungswut ist. Erst wenn alles tot ist, wird Freiheit wieder möglich sein.

Leben, um sterben zu lernen

An der Basis unserer Existenz wollen wir uns nicht abwenden; wir wollen leben, nicht sterben. Die Ausnahmen von dieser Regel, die unseren Genen eingeschrieben ist, sind wohlbekannt: Depressionen, Schmerzen, Altersüberdruss, eine Scham so tief, als wollte sie – folgen wir Kafka – den Beschämten überleben. Es ist wahr, manche möchten sich vom Leben abwenden, ein schwerer Schicksalsschlag, eine schwere Krankheit hat all ihre Vitalität aufgebraucht, sie wollen nur noch eines: aus der Marter ihres Bewusstseins entlassen zu werden, doch dazu müssten sie die nötigen Schritte – Schritte hin zum Exitus, dem ultimativen Lebensausgang – setzen.

In der ersten uns überlieferten Utopie dieses Namens, *Utopia* (1516) von Thomas Morus, dem Lordkanzler unter Heinrich VIII. und standhaften Katholiken (er ließ sich für seinen Glauben auf dem Schafott hinrichten), wird auch über jene Bürger gesprochen, die trotz bestmöglicher medizinischer Betreuung moribund geworden sind. An der letzten Station ihres Lebens angelangt, sind sie weder für das Gemeinwesen mehr nützlich, noch können sie sich selbst am Leben erfreuen. Ihnen wird nahegelegt, im Rahmen einer gebührlichen Abschiedszeremonie Gift zu nehmen, um möglichst schmerzlos aus dem Leben zu scheiden, das ihnen fernerhin nichts als Schmerz und Leid bereiten würde. Jenen aber, die sich dieser schönen Sitte verweigern wollen, steht der Besuch des Gemeindevorstehers und Pfarrers ins Haus, die beide auf den Widerstrebenden „suizidfreundlich" einwirken sollen.

Hier ist von dem die Rede, was wir Alterselbstmord oder, falls Hilfe nötig, „aktive Euthanasie" nennen. Und dies aus der Feder eines Katholiken. *Tempora mutantur,* die Zeiten ändern sich eben und mit ihnen jener Teil der Kultur, den man zu Recht als Lebenskunst bezeichnen darf. Allerdings ist nicht gesichert, ob Thomas Morus hier etwa ein satirisches Szenario entwirft. Wie auch immer, der Alterssuizid gehört heutzutage zweifellos nicht zur Lebenskunst, und man darf füglich daran zweifeln, ob darin *bloß* ein Fortschritt der Humanität – und nicht eine Bevormundungspolitik im Sinne der Heiligkeitsdoktrin des Lebens – zu sehen ist.

Was viele heute möchten, *ernsthaft* möchten, ist, ein wenig forciert gesprochen, sich vom Tod überhaupt

„abzuwenden", bevor der Sensenmann seine Arbeit verrichten kann. Bisher ist eine solche „Überlebenskunst", die dem Tod widersteht, noch selbst eine Utopie. Doch wie es mit Utopien zu gehen pflegt, die tief in unsere tiefsten Sehnsüchte und Ängste eingreifen, reißt auch die Utopie des ewigen Lebens einen Hoffnungshorizont auf, der mächtig in das technische Universum, in das, was uns kraft intelligenter Maschinen möglich ist und sein wird, eingreift. Wir beginnen, unsere Gentechnologien und Cyborg-Fantasien an eben jenem Ideal auszurichten: der Unsterblichkeit. Wäre sie erst machbar, wir könnten uns vor dem Tod tatsächlich „umdrehen und weggehen", immer vorausgesetzt, die nötigen Mittel, vor allem auch pekuniärer Art, stünden uns zur Verfügung.

Es lohnt sich also, beim heutigen titanischen Stand der Dinge, über diese Option einer Lebenskunst der Unsterblichkeit nachzudenken. Dabei werden wir allerdings, wenn ich recht habe, auf keine unzweideutige Situation stoßen: Wir werden es vielmehr mit einer existenziellen Dialektik zu tun bekommen. Ich hege die Vermutung, dass die *wahre*, weil einzig humane Lebenskunst darin besteht, uns mit unserer Endlichkeit auf eine möglichst angst- und gewaltlose Weise abzufinden. Es wird wohl auch in Zukunft, falls sie überhaupt noch „human" sein soll, nicht darum gehen, ewig zu leben, sondern – wie es Michel de Montaigne in einem seiner unsterblichen *Essais* (1580) formulierte – darum, über unsere Sterblichkeit nachzusinnen: *Philosopher c'est apprendre à mourir*, „Philosophieren heißt sterben lernen".

Dass das Leben sinnlos sei, war das Motto der existenzialistischen Selbstmordromantik. Ihr mochte, wie in Jean-Paul Sartres epochaler Erzählung *Der Ekel* aus dem Jahre 1938 alles, was die einfachen Leute freut, worüber sie sich wundern, woran sie sich ergötzen – Essen, Trinken, Sex, ein Gänseblümchen oder der gestirnte Himmel – als ein existenziell erstickendes, sinnloses Zuviel an Sein erscheinen. Aber zugleich war diese Missgestimmtheit eine Stimmungsmache, eine ästhetische Laune auf dem Papier.

Denn das Leben an sich ist nicht sinnlos. Es ist nicht sinnlos, sofern es dem Selbstbewusstseinstier Mensch eine Fülle von Erscheinungen, Überraschungen und Betätigungsmöglichkeiten bietet, die begehrenswert sind, und zwar gerade weil sie dem Verdikt der Endlichkeit unterliegen. Nichts wird für immer sein, deshalb ist es wert, bis zur Neige ausgekostet zu werden. Die Hoffnung auf das ewige Leben scheint trotzdem nur allzu verständlich. Niemand braucht sie erst zu erklären. Sie ist selbsterklärend, sobald das menschliche Bewusstsein den Begriff der Endlichkeit erfasst hat. Doch aus der Hoffnung, welche in den alten Tagen den Mythos vom Leben nach dem Tode gebar, ist mittlerweile etwas grundsätzlich anderes geworden. Das Leben an sich erscheint immer mehr Zeitgenossen als defizitär.

Nietzsches Doktrin von der Ewigen Wiederkehr mündet in die posthumanistische Utopie: Der Sinn liegt nicht in den Sachen selbst, er liegt in ihrer endlosen Verfügbarkeit. Dass nie Schluss ist, dass alles wieder und wieder kommt, grenzenlos, allumfassend – darin gründet das Nietzscheanische am Homo Deus. Doch die Fantasie des Existierens in einer Endlosschleife rückt den Eigenwert des Erlebens, den Wert der Liebe und aller Gefühle des Lebendigseins immer weiter von uns weg. Die ewige Wiederholung lässt alles fahl werden. Die Transparenz des Lebens weicht einem bedrängenden Gefühl des Gefangenseins in der Immanenz. Und so stellt sich am Schluss, der zu keinem Ende kommen will, erst recht eine totale Sinnfinsternis ein.

Einst wollten die Menschen nicht krank werden, um möglichst schmerzlos leben zu können; sie wollten nicht alt werden, um die Freuden ihrer Jugend und ihres Erwachsenseins auskosten zu dürfen. Und sie wollten nicht sterben, weil mit dem Tod jede Möglichkeit, sich auf den nächsten Tag, die nächste Stunde, den nächsten Moment allein oder mit anderen zu freuen, ein für alle Mal zerstört wird. Dies ist das unüberwindliche Schicksal, welches von den Zartbesaiteten seit alters her mit dem Beiwort „grausam" versehen wurde.

Doch grausamer noch mutet die finale Option des immerwährenden Lebens an: Jenes wäre abgrundtief sinnlos, weil bloß noch gelebt würde, um nicht zu altern, nicht krank zu werden. Es würde nicht um seiner selbst willen gelebt, nicht um der Lebendigkeit willen, die ihren Wert in sich trägt. Der Homo Deus ist eine Art Zombie *sub specie aeternitatis*, das Leblosigkeitsgeschöpf des Menschenparks, mit Ewigkeitsausblick. Sein paradoxes Existenzfristungscredo lautet: „Ich lebe, um nicht zu sterben!"

Würde ich einen Traktat zur allgemeinen Lebenskunst schreiben wollen, dann würde ich als Motto wählen: *Leben, um leben zu lernen.* Und dabei würde ich, Montaignes Devise im Ohr, einen Untersatz, ein sogenanntes Korollar, im Auge behalten: *Leben, um sterben zu lernen.*

Auch dies wäre eine Art, das „Weggehen" zu lernen, und zwar jene Art, die uns Bewusstseinswesen bereits in die Wiege gelegt wurde, um unser Leben *lebendig* leben zu können.

Epilog

Turn around
Every now and then
I get a little bit lonely
And you're never coming 'round …

Bonnie Tyler, *Total Eclipse of the Heart*

Wer sich umdreht und weggeht, lässt etwas zurück, ein Heim, eine Familie, Geliebte, Bekannte, vielleicht auch nur ein leeres Haus. Was uns an dem kleinen Pinguin aus Herzogs Film *Encounters at the End of the World* so tief berührt, ist seine Reise in die Einsamkeit und den Tod, indem er sich von seiner Gruppe abwendet. Und ein Teil unserer Bewegtheit kommt daher, dass die Gruppe, aus der er ausschert, indem er ihr den Rücken kehrt und sie watschelnd verlässt, davon keine Notiz nimmt. So ist das eben unter Pinguinen, ist man geneigt zu sagen, und trotzdem …

Es würde uns ein gewisser Trost sein, wenn das Weggehen des kleinen Pinguins von den Sorgen und der Trauer irgendwelcher seiner Artgenossen begleitet wäre. Denn obwohl die Trauer an sich nichts Tröstliches an sich hat, ist es doch das ihr einbeschlossene Andenken an einen, „der zu uns gehört", welches wir – die Beobachter – dem Weggehenden mit auf den Weg geben. Es wäre tröstlich zu wissen, dass der ins Ungewisse wandernde Pinguin zugleich doch ein Wesen ist, das zu jemandem gehört, einer Gruppe, einem Individuum, das sich um ihn sorgt, um ihn weint. *Turn around / Every now and then / I get a little bit tired / Of listening to the sound of my tears …* Bonnie Tylers Song ist ein Liebeslied, das den Geliebten beschwört: *Turn around …* Und auch wenn es niemals der Fall sein wird, dass das geliebte Wesen sich noch einmal umdreht, ist die Einsamkeit des Wegstrebenden doch keine absolute; sie wird begleitet von den Tränen der Zurückgebliebenen.

Würde ich ein Kinderbuch über den wegwatschelnden kleinen Pinguin schreiben wollen, so käme mir eine Geschichte in den Sinn, die auf die eine oder andere Weise in vielen Kinderbüchern zu finden ist. Mein Pinguin würde von der Gruppe wegwandern, weil er mehr von der Welt sehen möchte als immer nur das Gewatschel seiner Artgenossen. Wie groß ist doch die Welt! Er sieht, wenn er sich reckt und streckt, die weißen Berge am Horizont über dem endlosen Himmel. Dort will er hin und so macht er sich auf. Er schaut nicht zurück. Er watschelt und watschelt auf die Berge zu, die vor ihm immerfort zurückweichen. Es ist eine lange, sehr lange Strecke, ein Tag geht zu Ende und dann eine Nacht, und als die Sonne wieder über den Bergen aufgeht, die noch immer endlos weit entfernt zu sein scheinen, gesellt sich der legendäre Schneemensch zu ihm, eigentlich ein weißbehaarter Riesenaffe, aber ein gemütvoller. Und so wandern die beiden ungleichen Gesellen, bis ein Eissturm aufkommt, der ihnen die Sicht nimmt und sie zwingt, innezuhalten. Der Schneemensch schließt den kleinen Pinguin in seine pelzigen Arme. Der kleine Pinguin, nun schon sehr matt und durstig und hungrig obendrein, kann gerade noch fragen, was da hinten, bei den Bergen, für eine Welt zu schauen wäre. Und da antwortet der Schneemensch:

„Es wird die Welt deiner Erinnerungen sein, in der Einsamkeit wirst du an all das denken, von dem du weggegangen bist, so lange, bis es dunkel um dich wird und in der Dunkelheit das Licht deiner Seele zu leuchten beginnt. Und in diesem Licht werden all jene, die um dich trauern, sich nach dir sehnen, all jene, die ohne dich innerlich auseinanderfallen (*And then I see the look in your eyes / Turn around bright eyes / Every now and then / I fall apart*) – sie alle werden dir den Weg weisen."

Mithilfe des Schneemenschen wird der kleine Pinguin den Weg, den er gekommen ist, zurückwatscheln. Irgendwann auf dieser Rückreise wird der Schneemensch, gleich einem Schutzgeist, verschwunden sein, und endlich wird der kleine Pinguin wieder bei den Seinen anlangen. Sie werden ihn umringen und ihn fragen, was er gesehen und erlebt hat und wie es sich „da draußen" in der weiten Welt anfühlt. Und dann wird der kleine Pinguin, vor lauter Müdigkeit und Hunger philosophisch geworden, sibyllinisch antworten: „Ich musste weg, um nach Hause zu finden – so fühlt es sich da draußen an."

***

Eine solche Erzählung würde natürlich nichts weiter bieten als das romantische Klischee von einem, der auszog, um in der Fremde zu lernen, was Heimat ist. Die Wirklichkeit hingegen ist eine grausame. Der Pinguin kehrte nicht mehr zurück, er starb im Eis. Und doch steckt in der Episode, an der uns Werner Herzog teilhaben lässt, eine Einsicht, die, auf das menschliche Treiben übertragen, eine Lehre einschließt, welche im Rahmen einer Ethik der Abwendung ganz und gar nicht nebensächlich scheint.

Wenn wir weggehen, so nehmen wir die anderen mit, und während wir noch glauben, uns aus den Fesseln, den bösen Gefühlen und Streitereien endlich befreit zu haben, *verwandeln sich die anderen.* Sie verwandeln sich imaginär, in unserer Erinnerung, aus welcher die Sehnsucht entspringen mag, wieder dorthin zurückzukehren, wovor man doch, um dem wechselseitigen Elend ein Ende zu bereiten, entfloh. Man leidet nun darunter, dass man den anderen fehlt, dass sie um einen trauern, weil man – trotz allem – einer von ihnen ist.

Der Realist mag dagegen einwenden, dass dies vermutlich alles bloß eine rührselige Imagination ist, die aus dem Umstand entspringt, dass man in der Ferne, der Fremde zu leben hat. Doch er übersieht dabei womöglich, dass es die Imaginationen sind, die Bilder, die wir uns von den anderen und uns selbst machen, die wesentlich unsere Welt prägen. Es reicht oft schon das Bewusstsein davon, dass wir uns umdrehen und weggehen *könnten* und dass die anderen, derentwegen man sich abwenden möchte, plötzlich die leere Stelle *spüren* würden, die wir hinterlassen – es reicht schon die Vorwegnahme des Verlusts, um uns ein Gefühl dafür zu geben, dass das, wo wir sind, eben unser Platz ist:

Together we can take it to the end of the line …

Und was ließe sich mehr sagen, als dass dieses „Zusammen bis zum Ende unserer Tage“ der große Menschheitsentwurf ist, größer als die Vision einer Abwendung, hin zu welcher Freiheit auch immer.

Your love.

Univ.-Prof. Dr. Peter Strasser, *Jg. 1950, unterrichtet an der Karl-Franzens-Universität in Graz Philosophie. 2014 erhielt er den Österreichischen Staatspreis für Kulturpublizistik.*

Bei Braumüller erschienen:
Immer wieder dasselbe und am besten nichts Neues *(2014),* Lust – Ein Anstandsbuch *(2015),* Achtung Achtsamkeit! *(2016) und* Spenglers Visionen *(2018)*